Quick Guide

Reihe herausgegeben von
Springer Fachmedien Wiesbaden,
Wiesbaden, Deutschland

T0349783

Quick Guides liefern schnell erschließbares, kompaktes und umsetzungsorientiertes Wissen. Leser erhalten mit den Quick Guides verlässliche Fachinformationen, um mitreden, fundiert entscheiden und direkt handeln zu können.

Sebastian Petrov

Quick Guide Online-Reputation für KMU

Wie Sie Ihren guten Ruf im Netz aufbauen und erhalten

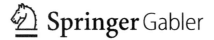

Sebastian Petrov
seosupport GmbH
Berlin, Deutschland

ISSN 2662-9240 ISSN 2662-9259 (electronic)
Quick Guide
ISBN 978-3-658-37414-3 ISBN 978-3-658-37415-0 (eBook)
https://doi.org/10.1007/978-3-658-37415-0

Die Deutsche Nationalbibliothek verzeichnet diese Publikation in der Deutschen Nationalbibliografie; detaillierte bibliografische Daten sind im Internet über http://dnb.d-nb.de abrufbar.

Springer Gabler

Lektorat/Planung: Imke Sander
Springer Gabler ist ein Imprint der eingetragenen Gesellschaft Springer Fachmedien Wiesbaden GmbH und ist ein Teil von Springer Nature.
Die Anschrift der Gesellschaft ist: Abraham-Lincoln-Str. 46, 65189 Wiesbaden, Germany

Vorwort

Wir leben in einer Gesellschaft, in der alles und jeder bewertet wird. Ungefragt und ohne ein Blatt vor den Mund zu nehmen. Dabei beschränkt sich die Bewertungswut der Menschen längst nicht mehr nur auf Hotelzimmer und Restaurants, sondern auch auf Arbeitgeber und Dienstleister, auf Produkte, den Kundenservice usw. Schlechte Meinungen über ein Unternehmen – seien sie nun berechtigt oder nicht – schädigen das Vertrauen möglicher Kunden nachhaltig. Je schlechter die Reputation, desto schwerer wird es für Unternehmen, neue Kunden zu finden. Ich würde sogar so weit gehen zu behaupten, dass eine schlechte Reputation langfristig zum Untergang jedes Unternehmens führt, wenn nicht rechtzeitig eingegriffen wird.

Dieses Buch richtet sich an alle Unternehmer und Verantwortlichen in einem kleinen oder mittelgroßen Unternehmen, die es gar nicht so weit kommen lassen wollen. Denn der beste Zeitpunkt, sich um die eigene Reputation zu kümmern, ist dann, wenn sie noch keinen Schaden erlitten hat. Aber auch diejenigen, die sich schon im akuten Krisenmanagement befinden, weil „das Kind schon im Brunnen liegt", werden durch dieses Buch wertvolle Impulse bekommen, wie sie ihre Reputation wiederherstellen können.

Ihr Sebastian Petrov

Hinweis zur Gender-Regelung
Ich verwende aus Gründen der Lesbarkeit generell die männliche Form, spreche aber selbstverständlich mit jeder Zeile alle Leser und Leserinnen dieses Buches an.

Inhaltsverzeichnis

Über den Autor

Sebastian Petrov leitet seit 2006 den Digital-Dienst-leister seosupport mit Agenturstandorten in Berlin und München. Zu den Kunden gehören Unternehmen im KMU-Bereich, Fortune-500-Firmen und führende DAX-Konzerne bis hin zu internationalen Großunternehmen. Mit dem Ziel digitale Vermarktungsstrategien für webbasierten Verkauf in die jeweilige Firmenkultur zu integrieren, berät er mit seinem 40-köpfigem Team Kunden dabei, mehr Umsatz über das Internet zu generieren und ihre Markenbekanntheit zu erhöhen. Petrov ist Experte für Suchmaschinenoptimierung, Online-Reputation, Employer Branding, Performance Marketing und digitale Unternehmenspositionierung. Er hält Vorträge für zahlreiche Organisationen sowie Unternehmen und ist als Online-Marketing-Pionier der ersten Stunde einer der versiertesten Branchenexperten deutschlandweit. Zudem unterstützt er als Lehrbeauftragter bei universitären Veranstaltungen und Vorlesungen angehende Online-Marketer. Als Co-Gründer und Business Angel ist er an verschiedenen Start-ups und Unternehmen beteiligt.

1

Grundlagen

Was Sie aus diesem Kapitel mitnehmen

- Was Online-Reputation ist und warum es so wichtig ist
- Warum Sie heute ohne ein gutes Reputationsmanagement nicht mehr auskommen
- Welchen Herausforderungen und Gefahren sich der Mittelstand beim Thema Reputation gegenüberstehen sieht

Ob sich ein Kunde für dieses oder ein anderes Unternehmen entscheidet, hängt entscheidend von seiner Reputation ab. Ein prominentes Beispiel für ein Unternehmen, das seinen schlechten Ruf einfach nicht loswerden will, ist Nestlé. Mittlerweile blickt der Konzern auf eine über 153-jährige Geschichte zurück, in der er sich nicht immer mit Ruhm bekleckert hat – gelinde gesagt. Immer wieder kam es zu öffentlichen Skandalen: vom gepanschten Milchpulver für Babys über die Austrocknung von Brunnen in den ärmsten Gebieten der Erde bis hin zur Regenwaldrodung für Palmöl. Selbst die Verbraucher, die bislang noch nicht so genau hingesehen haben, was sie da in ihren Einkaufswagen stellen, zucken in Anbetracht der nicht abnehmen wollenden Negativschlagzeilen davor zurück, ein Nestlé- Pro-

© Der/die Autor(en), exklusiv lizenziert an Springer Fachmedien Wiesbaden GmbH, ein Teil von Springer Nature 2022
S. Petrov, *Quick Guide Online-Reputation für KMU*, Quick Guide, https://doi.org/10.1007/978-3-658-37415-0_1

dukt aus dem Regal zu nehmen. Einige Märkte beschlossen sogar, den Hersteller vollkommen aus dem Sortiment zu nehmen.

Die schlechte Reputation eines Unternehmens kann sogar abfärben allein durch die Tatsache, dass man mit diesem Unternehmen kooperiert oder es lobend erwähnt. So lobte 2019 die CDU-Landwirtschaftsministerin Julia Klöckner den Konzern Nestlé dafür, dass er den Zucker-, Salz- und Fettgehalt in besonders beliebten Produkten senken wolle – der Gesundheit der Kunden zuliebe. Aber kann das über die Tatsache hinwegtäuschen, dass auf der gegenüberliegenden Seite der Erde Menschen sterben, weil sie kein Brunnenwasser mehr haben? Nein, befanden alle Follower und traten einen Shitstorm auf die Ministerin los. Diese erhielt sogar einen mahnenden Zeigefinger von der Landesmedienanstalt Berlin-Brandenburg für ihr leichtfertiges Posting. So schnell kann es gehen.

Im Folgenden möchte ich Sie mitnehmen in die Einführung der Thematik: Was ist Reputation und warum ist es für jedes Unternehmen unverzichtbar, sich aktiv darum zu kümmern?

1.1   Was ist Reputation?

Um ein Bild zu schaffen: Reputation ist das, was Kunden angezeigt bekommen, wenn sie ein Unternehmen googlen oder auch das, was ihnen als erstes in den Kopf kommt, wenn Sie den Namen eines Unternehmens lesen. Im 21. Jahrhundert wird die Reputation vornehmlich im Internet geprägt. Bewertungen und Meinungen, die über diverse Kanäle im Internet geteilt werden, können den Erfolg eines Unternehmens maßgeblich beeinflussen – und zwar in beide Richtungen.

Reputation ist heute zu 90 % Online-Reputation. Jeder moderne Mensch besitzt ein Smartphone mit Kamera- und Internetfunktion. Findet er Schmutz in einem Hotelzimmer oder ein Haar im Essen, wird das fotografiert und in Echtzeit mit der gesamten Internet-Community geteilt. Jeder Mensch hat zu jeder Zeit die Möglichkeit, an jedem Ort der Welt seine Meinung zu äußern. Und dabei spielt es nicht einmal eine Rolle, ob es sich um eine ehrliche und konstruktive Meinung oder schlichtweg um diffamierende Äußerungen handelt.

1.1.1 Die Rolle der Digitalisierung für die Reputation

Wir leben bekanntlich in einer Welt der Digitalisierung. Wenn wir im Urlaub am Ostseestrand liegen und von dort aus die nette Weinbar um die Ecke bewerten, dann kann diese Bewertung in Echtzeit überall auf der Welt gelesen werden. Es gibt keine lokalen Grenzen mehr für Meinungsäußerungen und Bewertungen. Der Ruf eilt also jedem Unternehmen voraus und die meisten Kunden haben sich schon eine Meinung über ein Unternehmen gebildet, noch bevor sie überhaupt zum ersten Mal Kontakt hatten. Diese Tatsache macht es unerlässlich, sich mit dem eigenen Ruf auseinanderzusetzen. Das Vogel-Strauß-Prinzip kann Sie langfristig Ihr Unternehmen kosten.

Die Digitalisierung bringt noch eine zweite Herausforderung mit sich. Das Internet macht es möglich, dass viele Unternehmen nicht mehr nur regional arbeiten und verkaufen, sondern ihre Produkte und Leistungen global anbieten können. Dadurch wächst die Konkurrenz und mit ihr auch der Konkurrenzdruck. Für welches Produkt oder welchen Dienstleister sich ein Kunde am Ende entscheidet, wird maßgeblich durch die Reputation beeinflusst. Sie wird zur zentralen Entscheidungsgrundlage. Oftmals geben schon Kleinigkeiten den entscheidenden Impuls. Wenn ich zwischen Unternehmen A mit 4,4 Sternen und Unternehmen B mit 4,5 Sternen entscheiden muss, dann kann eine einzelne bessere oder schlechtere Bewertung den entscheidenden Impuls geben.

Käufer können sich vor jedem Kauf ausführlich informieren und können sich von verschiedenen Seiten ein differenziertes Bild machen. Dieses Bild wiegt in den meisten Fällen wesentlich schwerer als der Preis für ein Produkt oder eine Leistung. Kritische Bewertungen lösen Misstrauen aus und selbst eine fehlende Reputation – weil gar keine Bewertungen existieren – kann Misstrauen schüren und einen potenziellen Kunden am Ende von der Kontaktaufnahme abbringen.

1.1.2 Hier wird die Reputation gebildet

Die Reputation wird ein Puzzle aus vielen Teilen. Sie wird überall dort gebildet, wo Meinungen geäußert werden und das ist im Grunde überall.

Bewertungsportale

Zu den größten Meinungsmachern gehören Bewertungsportale, die es mittlerweile spezifisch für jede Branche und Zielgruppe gibt. Allen voran sind Bewertungsportale für die Hotellerie und Gastronomie entstanden. Sie können aus Kunden- bzw. Gästesicht durchaus wertvoll sein, um die Suche nach einem schönen Urlaubsdomizil zu erleichtern. Für die Hoteliers dagegen sind sie eine enorme Herausforderung, denn nicht immer ist die öffentlich geäußerte negative Kritik auch gerechtfertigt – jeder, der schon einmal mit Kunden oder Gästen zu tun gehabt hat, weiß, was ich meine. Wie Sie mit solchen Bewertungen umgehen, wird in einem späteren Kapitel Thema sein.

Soziale Netzwerke

Reputation bildet sich auch durch Einträge in den sozialen Netzwerken. Hier verbreiten sich Äußerungen via Hashtag noch schneller. Nicht nur Kunden beeinflussen bei Facebook & Co. die Reputation, sondern auch Mitarbeiter, die etwas über ihr Unternehmen erzählen. Während Sie auf die Meinungsäußerungen Ihrer Kunden nur bedingt Einfluss haben (auch dazu später mehr) können Sie Mitarbeitermeinungen aktiv steuern, indem Sie sie zu Markenbotschaftern machen. Wie genau das funktioniert und welche Vorteile Sie daraus für Ihre eigene Reputation ziehen, lesen Sie im Kap. 3.

Produktbewertungen auf Shop-Seiten

Wenn es um den Verkauf von Produkten geht, dann finden Bewertungen fast in jedem Onlineshop und natürlich auch auf den großen Marktplätzen wie Amazon statt. Nahezu in jedem Shop-System gibt es die Möglichkeit, eine Bewertungsfunktion für Produkte einzubauen. Erfahrungsgemäß werden diese Bewertungsmöglichkeiten auch aktiv genutzt. Wer vor der Entscheidung steht, ein Produkt zu kaufen – insbesondere bei höherpreisigen Waren – bieten diese Bewertungen einen Gegenpol zu den Beschreibungen der Hersteller bzw. Anbieter. Auch die Produktbewertungen haben einen entscheidenden Einfluss auf die Reputation des gesamten Unternehmens, denn ein Unternehmen ist nun einmal untrennbar mit seinen Leistungen und Produkten verbunden.

Meinungen in Foren

Foren sind ebenfalls starke Meinungsmacher. Dort finden sich oft Menschen mit gleichen Interessen oder Hobbys zusammen, die sich gegenseitig Empfehlungen aussprechen. Foren haben die Eigenschaft, dass sie bei Google oft sehr gut im Ranking stehen. Wenn jemand zum Beispiel nach einer Produktempfehlung für Kinderwagen sucht, dann spielt die Suchmaschine gerne Forenbeiträge aus, in denen das Thema diskutiert wird.

Foren haben einen nicht zu unterschätzenden Einfluss auf die Reputation. Wer hier aktiv ist, ist oftmals Experte für ein Thema und genießt daher einen hohen Vertrauensvorteil. Ein Beispiel: Sie haben als neues Hobby die Fotografie für sich entdeckt. Jetzt steht die Frage an, welches Equipment für Ihre Zwecke am besten geeignet ist. Eine erste Suche über die gängigen Handelsplattformen im Internet löst Schwindel aus, denn die riesige Hersteller- und Produktauswahl macht es nahezu unmöglich, eine Entscheidung zu treffen. Der nächste Schritt in der sogenannten Customer Journey führt Sie in ein Forum, in dem Hobby- und Profi-Fotografen aktiv sind und sich über alle Themen rund um die Fotografie austauschen. Hier können Sie Ihre Frage stellen und erhalten Tipps und Produktvorschläge. Aber: Sie werden mit an Sicherheit grenzender Wahrscheinlichkeit auch Warnungen vor Produkten erhalten, die nicht das halten, was sie versprechen oder einfach ungeeignet sind. Unternehmen, die Produkte im Bereich Fotografie vertreiben, sollten in jedem Fall erstens immer darüber informiert sein, in welchen Foren was über Sie gesprochen wird. Bei einem sehr negativen oder diffamierenden Eintrag haben Sie dann die Möglichkeit, zu reagieren. Erzählt beispielsweise ein User davon, dass der Kundenservice nicht auf einen Reklamationswunsch reagiert hat, bieten Sie ihm an, sich sofort darum zu kümmern. Je nach Eintrag und „Vorwurf" sollten Sie immer darum bemüht sein, diese Argumente zu entkräften oder Falschdarstellungen richtig zu stellen.

Video-Portale

Auch Video-Portale wie YouTube tragen zunehmend zur Meinungsbildung bei. Hier haben – ähnlich wie in den Foren – Experten zu bestimmten Themen eigene Kanäle, in denen Sie auch Produkte bewerten –

gefragt oder ungefragt. Auch hier stellt sich derselbe Effekt wie in den Foren ein. Ein sehr weit verbreitetes Thema in den Video-Portalen ist zum Beispiel das Thema Bushcrafting. Immer mehr Menschen entwickeln die Sehnsucht, wieder mehr Bezug zur Natur zu bekommen. Das zeigt sich auch in der wachsenden Anzahl der Kanäle, die sich mit dem Thema Bushcraft beschäftigen. Wer sich die Mühe macht oder vielleicht auch selbst Interesse daran hat, sich diese Kanäle anzusehen, stellt schnell fest, dass die Bushcrafter jede Gelegenheit nutzen, ihr Equipment vorzustellen, aber auch Produkte zu zeigen, die nicht das halten, was sie versprechen. Die Abonnenten dieser Kanäle vertrauen ihren „Stars" und lassen sich durch die Videos erheblich in ihrer Meinung beeinflussen. Wenn Sie sich die Zahl der Abonnenten ansehen, dann kann Ihnen durchaus schwindelig werden. Ein einzelnes Video kann mehrere zehntausend bis fünfhunderttausend Aufrufe haben. Sie ahnen an dieser Stelle, welche enorme Kraft also ein einzelnes Video entfalten kann. Was Sie tun können im Fall einer negativen Firmen- oder Produktbewertung lesen Sie im Kap. 4 zum Thema Krisenmanagement.

Blogs
Auch Blogs funktionieren ähnlich wie Foren und Video-Portale. Hier machen es sich Privatpersonen zur Aufgabe, über eine Herzensangelegenheit zu schreiben. Dadurch werden auch private Blogs – die im Übrigen eine ähnliche Reichweite erzielen können – zum Instrument für die Meinungsbildung. Behalten Sie daher alle Blogs im Auge, die sich mit Ihrem Themengebiet beschäftigen.

1.1.3 Studie zum aktuellen Stand der Unternehmensreputation

In einer Studie von Weber Shandwick und KRC Research[1] wurden 2200 Führungskräfte aus 22 Ländern – darunter etwa 100 aus Deutschland – zum Thema Reputation befragt. Im Ergebnis kam heraus, dass die

---

[1] Heimann, G. u. a.: „The State of Corporate Reputation in 2020: Everything Matters Now". https://www.webershandwick.com/wp-content/uploads/2020/01/The-State-of-Corporate-Reputation-in-2020_executive-summary_FINAL.pdf. Zugegriffen: 10. September 2021.

Führungskräfte in allen Märkten der Meinung waren, dass ihre Reputation mehr als 63 % ihres Marktwertes ausmachen würden.

Spannend waren vor allem die genannten Faktoren, die nach Meinung der Befragten die Reputation des Unternehmens entscheidend beeinflussen. Auf Platz 1 stand dabei die Qualität der Produkte und Services gefolgt von der Qualität der Mitarbeiter und des Kundenservices. Auf diese Faktoren blicke ich in einem folgenden Kapitel noch einmal differenzierter.

Die Studie stellte auch heraus, wie wichtig die Wahrnehmung der Stakeholder ist und wie sehr sie die Reputation eines Unternehmens prägt. Laut Aussagen der Befragten sind es immer noch zu 83 % Kunden, die entscheidend das öffentliche Bild eines Unternehmens prägen. Gleich danach kommen zu 86 % die Investoren und zu 83 % die Arbeitnehmer. Partner und Förderer eines Unternehmens haben zu 80 % einen Einfluss und Menschen aus der lokalen Umgebung zu 75 %. Meinungen in sozialen Netzwerken sind zu 68 % dafür verantwortlich, wie ein Unternehmen in der öffentlichen Wahrnehmung dasteht.

Die Studie kommt zu dem Ergebnis, dass die Bedeutung der Unternehmensreputation zu einem großen Teil in den Unternehmen angekommen ist. Auch ist bekannt, dass die Unternehmensreputation längst nicht nur die Anzahl der Sterne auf einem Bewertungsportal ist, sondern von zahlreichen Faktoren beeinflusst wird. Viele Firmen – unabhängig von ihrer Größe – haben ein Bewusstsein dafür entwickelt, wie gefährlich es sein kann, Reputationstreiber oder bestimmte Interessengruppen zu übersehen, denn die Reputation – und auch das hat die Studie gezeigt – trägt wesentlich zum Marktwert eines Unternehmens bei.

Aus diesen Erkenntnissen sollte sich für alle kleinen und mittelständischen Firmen ergeben, dass das Reputationsmanagement sich einen Platz ganz oben auf der Agenda jedes Unternehmens verdient hat.

1.1.4 Herausforderung Reputation für kleine und mittelständische Unternehmen

Kleine und mittelständische Unternehmen können ebenso schwer von einem Shitstorm getroffen werden wie große Konzerne. Das Internet und seine Meinungen sind für jeden frei zugänglich – bewertet werden nicht nur Global Player wie Nestlé, Amazon & Co., sondern auch die Arztpraxis um die Ecke oder der Strickladen in der Fußgängerzone. Niemand kann sich davor schützen, bewertet zu werden. Gleichzeitig können Unternehmen jeder Größe diesen Umstand auch als Chance sehen.

Reputation wird oftmals als reines Bewertungsmanagement betrachtet. Es gilt, die Meinungen im Internet über die eigene Firma im Blick zu behalten und darauf irgendwie zu reagieren, um den Schaden möglichst gering zu halten. Dabei beginnt ein gutes Reputationsmanagement in kleinen und mittelständischen Unternehmen wesentlich früher im Bereich des Corporate Branding. Daher widme ich diesem wichtigen Aspekt zu einem späteren Zeitpunkt ein eigenes Kapitel, denn an dieser Stelle muss noch einmal näher hingesehen werden. Eine gute Reputation bedeutet nicht, sich eine Armee aufzubauen, die den Feind abwehrt. Es bedeutet am Ende so authentisch und fair zu agieren, dass es gar keine Feinde gibt.

Eine gute Reputation wächst aus dem Inneren jedes Unternehmens heraus. Sie beginnt bei einer fairen und nachhaltigen Unternehmenskultur über die gesamte Wertschöpfungskette und endet bei einem fairen Umgang mit den Kunden und einer ehrlichen Außenkommunikation. Es bringt kein Unternehmen auf diesem Erdball weiter, wenn innen das Chaos herrscht und nach außen der aufgeräumte und liebevoll bepflanzte Vorgarten gezeigt wird. Reputation wächst von innen nach außen. Sie beginnt bei einer verantwortungsbewussten, modernen Unternehmensführung und wird dann erst nach außen sichtbar.

Das bedeutet gleichzeitig, dass Reputationsmanagement kein Krisenmanagement ist. Es geht nicht darum, zu warten, bis eine schlechte Bewertung eintrudelt und dann angemessen darauf zu reagieren. Reputationsmanagement setzt viel früher an, nämlich zu dem Zeitpunkt, an dem die Sonne noch an einem wolkenlosen Himmel scheint.

Genau das müssen sich kleine und mittelständische Unternehmen bewusst machen. Sie müssen zu einem Zeitpunkt Kapazitäten und Budgets freigeben, für die auf den ersten Blick gar kein Handlungsbedarf besteht.

Lesen Sie die nachfolgenden Kapitel bitte aufmerksam, um zu verstehen, warum Sie dieses Geld in eine gute und nachhaltige Reputation bestens investieren. Denn wenn Sie kontinuierlich an Ihrer Reputation arbeiten – und zwar von innen nach außen – können Ihnen einzelne schlechte Bewertungen rein gar nichts mehr anhaben. Sie werden einfach von dem vielen positiven Feedback über Sie, Ihre Produkte und Leistungen überstrahlt.

1.2 Wer braucht ein Reputationsmanagement?

Zur Klarstellung: Eine Reputation hat jeder Mensch, jedes Unternehmen und jedes Produkt. Sowohl Privatpersonen als auch Unternehmen haben genau zwei Möglichkeiten, mit dem Thema Reputation umzugehen. Sie können komplett ignorieren, was über Sie gesprochen wird. Das mag im Einzelnen für Privatpersonen sinnvoll sein, ist aber aus meiner Sicht für Unternehmen nie der richtige Weg. Variante zwei ist es, das, was über Sie gesprochen wird, zu beobachten und im Ernstfall darauf zu reagieren. Genau das ist es, was ich Ihnen an dieser Stelle zwingend ans Herz legen möchte.

Kleine und mittelständische Unternehmen unterliegen oftmals dem Irrtum, dass sie nicht ein so großes Interesse wecken wie große Konzerne und es daher ausreicht, hin- und wieder mal im eigenen Facebook-Account die Kommentare zu durchstöbern. Leider nein. Die Rechnung geht so: Je mehr Sie bereits aktiv vorsorgen, indem Sie über sich und Ihr Unternehmen berichten oder zufriedene Kunden zu Bewertungen motivieren, desto schwerer haben es mögliche Negativeinträge, sich gegenüber den vielen positiven Meinungen durchzusetzen.

Reputation färbt ab. Demnach sollte nicht nur das Unternehmen selbst mit seinen Leistungen und/oder Produkten auf eine gute Reputation achten, sondern auch die Führungskräfte. Ein Beispiel für den Worst Case: Wird eine Führungskraft mit einer schlechten Reputation eingestellt, kann sich dies auf das komplette Unternehmen abfärben.

Ein Reputationsmanagement brauchen demnach Unternehmen jeder Größe und auch die Fach- und Führungskräfte, die in diesem Unternehmen arbeiten. Sie behalten damit Ihr Image in der Hand und überlassen es nicht dem Zufall. Je bessere Vorarbeit Sie geleistet haben, desto besser sind Sie auch für den Krisenfall gewappnet.

1.3   Warum ist Reputationsmanagement so wichtig?

Reputationsrisiken gehören zu den größten Gefahren für ein Unternehmen. Das Internet ist ein anonymer Ort und in der Anonymität lästert es sich doch bekanntlich wesentlich besser. Angriffe auf Ihre Reputation sind Angriffe auf Ihr Unternehmen. Jede Diffamierung kann Sie am Ende Ihre Existenz kosten. Ich möchte an dieser Stelle keine unnötige Angst schüren, sondern ein Bewusstsein dafür schaffen, wie wichtig ein gutes Reputationsmanagement ist. Durch einen unbedachten und blauäugigen Umgang mit diesem existenziellen Thema kann ein großer Schaden entstehen. Dieser Schaden entsteht vor allem auch dadurch, dass in vielen kleinen und mittelständischen Unternehmen die Meinung vorherrscht, dass man gegen die Bewertungsflut gar nichts tun könne. Genau das ist aber eine Fehleinschätzung. Sie können Ihre Reputation aktiv beeinflussen. Wie das geht, zeige ich Ihnen in einem späteren Kapitel. Hier soll es erst einmal darum gehen, warum ein Reputationsmanagement so wichtig für Ihren unternehmerischen Erfolg ist.

1.3.1   Reputationsmanagement trägt entscheidend zum Profit bei

Wenn es um unternehmerische Erfolge geht, dann hat in den vergangenen Jahren und Jahrzehnten ein klarer Wandel stattgefunden. Früher stand die Preispolitik im Vordergrund. Die Rechnung war einfach: Wer am billigsten verkaufen konnte, der bekam die meisten Kunden. Jetzt rückt der Mensch mit seinen Werten und Vorstellungen in den Vordergrund. Man schaut nicht zuerst nach einem Produkt oder einer Dienstleistung und dem dazugehörigen Preis, sondern nach dem Unternehmen dahinter. Ein Kunde entscheidet sich nicht mehr für ein Produkt, sondern vielmehr für ein Unternehmen. Die Reputation ist zu einer Währung geworden, die sich entscheidend auf die Bilanzen eines Unternehmens auswirkt.

Unternehmen, die einen schlechten Ruf haben, verlieren bestehende Kunden und haben es schwer, neue Kunden und neue Aufträge zu generieren. Zudem bieten sie der Konkurrenz Angriffspunkte, es genau an den Stellen besser zu machen und so die Kunden auf ihre Seite zu ziehen.

Ein dritter, umsatzrelevanter Faktor ist das Personal. Wie gerne arbeiten Mitarbeiter in einem Unternehmen, das überall einen schlechten Ruf genießt? Allein die Bewerbungen werden ausbleiben, wenn die Reputation einen kritischen Punkt erreicht hat. Selbst Bewerber, die aktiv auf Jobsuche sind möchten ihrer Familie und ihren Freunden nicht erzählen müssen, dass Sie in einer Firma gelandet sind, die im Kreuzfeuer der öffentlichen Kritik steht oder die sich in der Region einen schlechten Namen gemacht hat. Erst recht werden Sie mit einem schlechten Ruf im Nacken keine hart umkämpften Fachkräfte für sich gewinnen können. Der Gedanke lässt sich an dieser Stelle leicht weiterführen: Fehlt das passende Personal, kann auch keine gute Leistung erbracht werden und keine Weiterentwicklung stattfinden.

Diese drei wesentlichen Faktoren der Reputation stellen die Weichen für ein Unternehmen, die entweder in Richtung Erfolg oder Misserfolg führen.

1.3.2   Reputation prägt die Meinungsbildung

Die Mediengewichtungsstudie[2] erhebt in regelmäßigen Abständen die Relevanz der Medien für die Meinungsbildung in Deutschland. Das Ergebnis der Studie von 2020 zeigte, dass sich 90 % der Deutschen im TV, im Radio oder im Internet über das Zeitgeschehen informieren. Medien machen Meinungen. Dort, wo etwas über Sie geschrieben, erzählt oder verbreitet wird, entsteht eine Meinung über Sie. Fällt diese negativ aus, dann schadet dies auch entscheidend Ihrer Reputation. Vor allem das Meinungsbildgewicht des Internets steigt seit Jahren kontinuierlich an – insbesondere bei den Bevölkerungsgruppen. Es hilft nicht, diese Entwicklung zu ignorieren. Unternehmer müssen den Finger in die Wunde legen und hinschauen, was über sie gesprochen wird.

---

[2] Mediengewichtungsstudie 2020-II. Gewichtungsstudie zur Relevanz der Medien für die Meinungsbildung in Deutschland. https://www.die-medienanstalten.de/fileadmin/user_upload/die_medienanstalten/Themen/Forschung/Mediengewichtungsstudie/Die_Medienanstalten_Mediengewichtungsstudie_2020-II.pdf. Zugegriffen: 17.09.2021.

1.3.3 Loyalität der Mitarbeiter leidet bei schlechter Reputation

Loyalität der Mitarbeiter in einem Unternehmen ist ein zentraler Faktor für dessen Erfolgskurve. Dieses Verbundenheitsgefühl mit dem Arbeitgeber entsteht aber erst ab einer gewissen Zeit der Zugehörigkeit zu einem Betrieb. Die Tendenz geht heute dahin, dass man eben einfach den Job wechselt, wenn etwas nicht mehr passt. Das Medikament, das diese Wechselfreude eindämmen oder sogar vollständig verhindern kann, heißt: Loyalität.

Mitarbeiter, die sich mit ihrem Betrieb identifizieren können, setzen sich für ihn ein und widerstehen auch den Abwerbungsversuchen der Konkurrenz. Daher sollte das Bestreben der Führung sein, Mitarbeitern ein Zugehörigkeitsgefühl zu vermitteln und dies gelingt nur dann, wenn Firma und Mitarbeiter die gleichen Werte vertreten. Wie loyal kann ein Mitarbeiter sein, der sich privat stark für den Umweltschutz engagiert, in seinem Zuhause auf Plastik verzichtet und für die Aufforstung der Wälder spendet und dann am Morgen bei seinem Arbeitgeber daran arbeitet, Brunnen in der Dritten Welt auszutrocknen?

Eine schlechte Reputation eines Unternehmens in der Öffentlichkeit ist ein wahrer Loyalitätskiller für die Mitarbeiter. Wer sich in einer Firma bewirbt, der schaut heute ebenso wie einst nach, was über dieses Unternehmen gesprochen wird. In den sozialen Netzwerken, in Bewertungsportalen oder einfach in der Nachbarschaft. Fällt das Urteil hier negativ aus, dann wird er eine Stelle maximal als Karrieresprung oder Überbrückung annehmen, nicht aber mit dem Ziel, sich dauerhaft für ein Unternehmen mit einem schlechten Ruf zu engagieren.

Hinzu kommt der Umstand, dass ein schlechter Ruf abfärbt. Wer in einem Unternehmen arbeitet, an dem kein gutes Haar gelassen wird, muss damit rechnen, in seinem Umfeld mit Vorwürfen konfrontiert zu werden. Er muss Rede und Antwort dafür stehen, warum er älteren Menschen Telefonverträge andreht, die ihre Rente auffressen oder warum sie Werbung für eine Firma machen, die massiv verschwenderisch mit den Ressourcen der Erde umgeht. Die eigene Reputation hört nicht an der Eingangstür des Firmengebäudes auf. Im Gegenteil: Sie beginnt dort erst.

1.3.4 Eine gute Reputation trägt zur Kundenbindung bei

Die gute Reputation eines Unternehmens schafft Vertrauen auf allen Seiten. Wer würde sein Geld auf eine Bank bringen, die wegen Betruges in den Schlagzeilen ist? Und wer würde Babybrei von einem Lebensmittelhersteller kaufen, der sich in der Vergangenheit Schlagzeilen mit gepanschtem Pulver und schädlichen Inhaltsstoffen verdient hat? Der Blick der Verbraucher richtet sich zudem immer mehr auf saubere Lieferketten, die transparent dargestellt werden sollten. Auch Transparenz ist ein vertrauensbildender Faktor. Wer offenlegt, woher seine Produkte stammen, wie und wo produziert sind und welche Standards dabei eingehalten werden, schafft Authentizität und Vertrauenswürdigkeit.

Das Unternehmen Bioland hat 2019 eine Lebensmittel-Transparenz-Plattform gestartet. Als erstes Produkt wurde die Bio Heumilch mit einem YoY®-QR-Code ausgestattet. Per Scan des Codes erhält jeder Verbraucher individuelle Informationen über die Herkunft, die Herstellung und den Transport des Lebensmittels. Auch über die Bedingungen auf den Bauernhöfen werden transparente Informationen bereitgestellt. Das schafft Vertrauen und setzt einen Meilenstein im Reputationsmanagement.

Verbraucher, die zwischen zwei Milchprodukten wählen können, entscheiden heute längst nicht mehr nur anhand des Preises. Wer etwas Gutes über ein Unternehmen gehört hat, wird im Zweifel auch 30 Cent mehr zahlen.

1.3.5 Eine gute Reputation steigert den Marktwert eines Unternehmens

In der bereits oben aufgeführten Studie „The State of Corporate Reputation in 2020: Everything Matters Now" schrieben die Führungskräfte rund 60 % des Marktwertes der Reputation eines Unternehmens zu. Verbraucher sind heute informiert, schauen genauer hin und greifen nicht mehr willkürlich ins Regal, weil sich ein Produkt gerade auf Augenhöhe befindet oder eine schön bunte Verpackung hat. Faktoren wie das Image aber auch die Persönlichkeiten in der Führungsetage – insbesondere bei großen Konzernen – spielen eine Rolle in der Entscheidung, welche Unternehmen im Markt Auftrieb bekommen.

Nichts, was ein Unternehmen tut, geht heute spurlos an der Öffentlichkeit vorbei. Verlieren Unternehmen einmal das Vertrauen in die Marke, dann spiegelt sich dies auch sofort im Marktwert dieser Firma wider.

1.3.6 Gute Reputation sichert Vorteile gegenüber Wettbewerbern

Die Liste der Vorteile, die ein gutes Reputationsmanagement mit sich bringt, könnte noch endlos weitergeführt werden. An dieser Stelle möchte ich darauf hinweisen, dass eine exzellente Reputation eine enorme Kraft entfaltet, die alles überstrahlen kann. Auch Ihre Mitbewerber. Allein durch eine gute Reputation, die ja auch nicht aus dem Nichts entsteht – können Sie Ihre Mitbewerber auf dem Markt ausstechen. Statt also viel Energie in Marketing-Kampagnen oder Abwerbungsversuche guter Mitarbeiter zu stecken, reicht es schon aus, eine gute Reputation zu schaffen. Das zieht Mitarbeiter automatisch an und gleichermaßen auch Kunden.

1.3.7 Eine gute Reputation schafft Vertrauen zum Unternehmen

Ein guter Ruf unterscheidet in allen Bereichen zwischen Erfolg und Misserfolg. Produkte im Supermarkt, deren Hersteller gerade negativ in der Kritik steht, bleiben in den Regalen stehen. Unternehmen, die den Ruf haben, ihre Mitarbeiter auszubeuten, schlecht zu bezahlen, keine Entwicklungsmöglichkeiten zu schaffen oder einen langwierigen und zehrenden Bewerbungsprozess haben, finden keine neuen Mitarbeiter. Die Reputation ist der Dreh- und Angelpunkt des Erfolges.

1.3.8 Reputation aktiv steuern, statt nur darauf reagieren

Ihren guten Ruf – intern sowie extern – sollten Sie niemals dem Zufall überlassen. Es ist eine wesentlich dankbarere Aufgabe, die eigene Reputation rechtzeitig zu steuern, als plötzlich auf Angriffe auf das unternehmerische Image reagieren zu müssen.

1.4 Herausforderung Reputation für den Mittelstand

Wenn Sie bislang aufmerksam gelesen haben, dann ist bis hierhin klar geworden, wie eine Reputation entsteht und warum es für mittelständische Unternehmen so wichtig ist, sich mit der eigenen Reputation auseinanderzusetzen. Bei diesem Prozess stehen Ihnen einige Hürden und Herausforderungen im Weg, die ich an dieser Stelle nicht verschweigen möchte.

1.4.1 Anonymität im Internet

Jedermann kann sich heute von überall aus Profile im Internet anlegen und zu jemandem werden, der er eigentlich gar nicht ist. Aus dieser Anonymität heraus, fällt es viel leichter, Beleidigungen, Diffamierungen oder andere schadhaften Aussagen über ein Unternehmen zu treffen. Leicht kann sich dahinter auch ein verärgerter Mitarbeiter befinden, der gekündigt wurde oder ein Konkurrent, der etwas böses Blut in Umlauf bringen möchte, um ein paar Kunden abzuschöpfen. Diese Anonymität ist für die Reputation eine große Herausforderung. Das ist die eine Seite.

Auf der anderen Seite sind Verbraucher heute schon durchaus darauf getrimmt, Bewertungen von einem Profil mit Namen Donald Duck kritisch zu reflektieren. Insbesondere der Kontext spielt hier eine tragende Rolle. Dazu ein Beispiel. Ein Hotel hat 95 % positive Bewertungen. Plötzlich taucht eine Bewertung auf, in der von Bettwanzen, hygienischen Missständen und frechem Personal berichtet wird. In Anbetracht der Einbettung dieser Bewertung in so zahlreiche positive Meinungen wird dadurch nicht gleich die gesamte Reputation Schaden nehmen. Vielmehr nehmen die Leser durchaus wahr, dass es sich hier um einen erheblichen Ausschlag handelt, der sich deutlich von allen anderen Meinungen absetzt und es sich bei dem Bewerter entweder um einen sehr eigensinnigen Gast handelt oder schlichtweg um eine Diffamierung. Viele positive Meinungen können eine negative Bewertung damit durchaus überdecken.

Im Internet wird gerne das Recht auf freie Meinungsäußerung mit dem Recht auf Beleidigungen verwechselt. Bundestagspräsident Wolfgang Schäuble hatte einen Vorstoß in dieser Problemlage gewagt und gefordert, dass im Internet nur mit Klarnamen agiert werden darf, fand dafür jedoch keine breite Zustimmung. Also können anonyme Feiglinge weiterhin überall Postings veröffentlichen und Shitstorms lostreten. Die Digitalisierung hat auch in Bezug auf die Reputation Folgen. Einerseits gibt es nicht mehr nur die drei Medien, die die öffentliche Meinung bilden. Meinungsbildung wird vielschichtiger, transparenter. Es gibt mehr Möglichkeiten, sich über ein Unternehmen zu informieren, aber auch mehr Möglichkeiten, dass der Ruf durch verschiedene Einflüsse negativ belastet wird. Diese Herausforderung sollten Mittelständler immer im Blick haben, wenn sie sich mit dem Thema Reputation auseinandersetzen.

1.4.2   Was gesagt ist, ist gesagt

Eine weitere Herausforderung besteht darin, dass etwas, das einmal im Internet geschrieben oder veröffentlich wurde, für immer da ist. Datenspuren graben sich tief in die Netzstrukturen ein und können – wenn überhaupt – dann nur mit einem sehr großen Aufwand wieder gelöscht werden. Eine Bewertung, die – berechtigt oder unberechtigt – einmal über ein Unternehmen abgegeben wurde, kann auf Dauer abgerufen werden. Es gibt zwei Möglichkeiten, mit dieser Tatsache umzugehen. Sollte tatsächlich ein rufschädigender Eintrag über Sie im Internet kursieren und leicht unter Ihrem Namen gefunden werden, können Sie eine spezialisierte Firma mit der Löschung dieses Eintrages beauftragen. Eine andere

Möglichkeit ist es, durch viele positive Beiträge und ein aktives Reputationsmanagement die negativen Einträge zu verdrängen.

1.4.3 Informationen werden aus dem Kontext gerissen

Zu den Eigenschaften des Internets gehört es, dass Informationen sich sekundenschnell verbreiten und auch schnell aus dem Kontext gerissen werden. Wenn ein Firmeninhaber zu einem Thema interviewt wird, dann kann ein einzelner Satz komplett aus dem Zusammenhang gerissen und verbreitet werden. Ein prominentes Beispiel für solche Informationen, die aus dem Kontext gerissen werden, ist ein dramatisches Video von Flüchtlingen, die von einem gekenterten Boot gerettet werden. Auf Facebook kursierte lange Zeit ein Bild, auf dem angeblich einer der Flüchtlinge steht, was ein Beweis dafür sein solle, dass es gestellt sei.

Die Seite mimikama.at hat sich die Mühe gemacht, diese Szene genauer zu analysieren.[3] Im Ergebnis kam heraus, dass stattdessen alles darauf hindeutet, dass es sich um eine reale Gefahrensituation handelte, bei der 33 Menschen ums Leben kamen. Trotzdem: Solche aus dem Zusammenhang gerissenen Bilder sind ein gefundenes Fressen für alle, die gerne gegen die Flüchtlingspolitik schießen und dafür „Beweise" brauchen. Da braucht sich eben auch niemand die Mühe zu machen, den Wahrheitsgehalt solcher Bilder oder Informationen zu überprüfen.

1.4.4 Verbreitung von Desinformationen

Die Verbreitung von Desinformationen ist eine weitere Herausforderung, der sich Mittelständler bewusst sein müssen. Dabei muss der Begriff der Desinformation von dem Begriff der Fehlinformation abgegrenzt werden. Bei einer Fehlinformation handelt es sich um faktisch falsche Informationen, die einfach ungeprüft verbreitet werden – unabhängig davon, ob eine Absicht dahintersteht oder nicht. Ich lese etwas auf Facebook, das

---

[3] Wannenmacher, T.: Dieses Bild wurde aus dem Kontext gerissen. https://www.mimikama.at/aktuelles/dieses-bild-wurde-voellig-aus-dem-kontext-gerissen/. Zugegriffen: 17.09.2021.

meiner persönlichen Meinung entspricht und teile es – ohne den Wahrheitsgehalt dieser Informationen vorab zu überprüfen. Eine Desinformation wird vorsätzlich verbreitet, um Meinungen bewusst zu manipulieren. Derjenige, der den Screenshot aus dem Flüchtlingsbeispiel des vorherigen Kapitels erzeugt hat, hat den Bildausschnitt bewusst so gewählt, dass das Bild den Eindruck erzeugt, es würde sich um eine gestellte Situation handeln. Er hat mit voller Absicht eine Desinformation verbreitet. Alle, die dieses Bild geteilt haben, haben Fehlinformationen weitergeleitet.

Wer es bewusst darauf angelegt hat, mit solchen Desinformationen den Ruf eines Unternehmens zu schädigen, hat in Zeiten der Digitalisierung vergleichsweise leichtes Spiel. Über Social Bots oder via KI lassen sich solche Informationen in Windeseile millionenfach verbreiten. Informationen können aus dem Kontext gerissen oder schlichtweg gelogen sein – Sie verbreiten sich trotzdem. Der Cyber-Security-Report 2021 kam zu dem Ergebnis, dass Fake News das drittgrößte Cyber-Risiko darstellen.[4] 75 % der befragten Entscheidungsträger sahen ein großes Risiko darin, dass ihr Ruf durch Fake News geschädigt werden kann. Auf die realen Gefahren für die Reputation durch solche Falschinformationen und Shitstorms gehe ich in einem separaten Abschnitt noch einmal genauer ein.

1.5 Gefahren für die Reputation von Mittelständlern

Reputationsrisiken lauern im Grunde überall. Jedes Geschäftsmodell basiert darauf, dass Kunden und Geschäftspartner dem Unternehmen und seinen Produkten, Dienstleistungen und allgemeinen Geschäftstätigkeiten vertrauen. Damit hat ein Reputationsschaden auch direkten Einfluss auf den geschäftlichen Erfolg einer Firma. Solche Imageschäden können auf unterschiedliche Weise entstehen. Ich möchte an dieser Stelle zwei Seiten von Reputationsrisiken beleuchten: Diejenigen, die Unter-

---

[4] Deloitte. Cyber Security Report 2021. https://www2.deloitte.com/content/dam/Deloitte/de/Documents/risk/Deloitte-Cyber-Security-Report-2021.pdf. Zugegriffen: 17.09.2021.

nehmen selbst verschulden und die, die von außen kommen und die nur schlecht beeinflusst werden können.

1.5.1 Selbst verschuldete Reputationsrisiken für Unternehmen

Ein schlechter Ruf kann selbst gemacht sein, weil ein Unternehmen zu wenig oder gar nicht auf die innere Führung und das Employer Branding achtet. An dieser Stelle soll es darum gehen, dass ein schlechter Ruf sich von innen herausbilden und dann nach außen abstrahlen kann.

Reputationsrisiko schlechte Mitarbeiterführung
Es ist heute für moderne und zukunftsfähige Unternehmen keine Option mehr, das Thema Employer Branding und Mitarbeiterführung zu ignorieren. Wenn ein mittelständisches Unternehmen schlechte Arbeitsbedingungen schafft oder eine Hire & Fire Mentalität an den Tag legt, dann bleibt dies der Öffentlichkeit nicht lange verborgen. In sozialen Netzwerken oder auch auf Arbeitgeberbewertungsplattformen machen (ehemalige) Mitarbeiter schnell ihrem Ärger Luft. Das lesen dann auch potenzielle Arbeitnehmer, die gleich von Anfang an davon Abstand nehmen, sich bei einem solchen Unternehmen zu bewerben. Aber auch potenzielle Kunden und Geschäftspartner möchten nicht mit einer Firma kooperieren, die schlecht mit ihren Mitarbeitern umgeht. Es kann daher durch eine schlechte Mitarbeiterführung schnell eine Abwärtsspirale entstehen, die einen erheblichen Imageschaden verursacht. Daher ist eine gute, faire Mitarbeiterführung eine zwingende Voraussetzung, ohne die Sie gar nicht erst mit dem Reputationsmanagement zu beginnen brauchen.

Reputationsrisiko schlechte Qualität
Es soll an dieser Stelle nur der Ordnung halber erwähnt werden: Bietet ein Unternehmen eine schlechte Produktqualität an, dann bleibt dies der großen Masse der Verbraucher nicht lange verborgen. Das Thema Qualität zieht sich dabei durch alle unternehmerischen Bereiche. Es hört nicht

damit auf, dass Sie ein hochwertiges Produkt oder eine Dienstleistung anbieten, sondern erstreckt sich auch auf einen guten Kundenservice und den professionellen Umgang mit Reklamationen. Ein gutes Beispiel ist hier wieder die Telekom, die allgemein für einen guten und qualifizierten Kundenservice bekannt ist. Dieser wurde sogar mehrfach ausgezeichnet.[5] Auch wenn es definitiv günstigere Anbieter für Telekommunikationsleistungen auf dem Markt gibt, gewinnt das gute Ansehen des Kundenservices neue Kunden. Es ist ein echtes Verkaufsargument, dass Kunden bei Problemen schnell einen kompetenten Ansprechpartner finden, der sich darum kümmert. Auch hier gilt wieder: Reputation kann Kunden gewinnen.

Reputationsschaden durch schlechte Kommunikation
Kommunikation ist ein wesentlicher Eckpfeiler im Reputationsmanagement. Falsche, fehlende oder nur zögerlich weitergegebene Informationen können einen erheblichen Schaden im Bereich der Reputation hinterlassen. Innerhalb eines Unternehmens kann es zu Getuschel kommen insbesondere dann, wenn der Markt gerade in Bewegung ist. Irgendjemand setzt ein Gerücht frei, das die Runde macht. Kommt von oben keine Richtigstellung oder werden Mitarbeiter generell nicht über die Entwicklung des Unternehmens informiert, hat dies nach allen Seiten negative Auswirkungen. Auch eine mangelhafte Außenkommunikation kann erheblichen Schaden anrichten. Das ist wie in einer guten Ehe. Reden hilft über so manch eine Krise hinweg.

Reputationsschaden durch den schlechten Ruf einzelner Personen
Eine schlechte Reputation einzelner Personen kann sich im Zweifel auf das ganze Unternehmen übertragen. Übernimmt zum Beispiel ein neuer Geschäftsführer die Unternehmensführung, der im Vorfeld bereits negative Schlagzeilen durch Steuerhinterziehung o. ä. gemacht hat, kann sich dies sehr negativ auf das eigene Unternehmen auswirken. Sie verlieren im Zweifel Kooperationspartner oder sogar Mitarbeiter, wenn diese sich mit

---

[5] Halle, S. connect-Hotline-Test: Telekom bietet besten Service. https://www.telekom.com/de/medien/medieninformationen/detail/connect-hotline-test-telekom-bietet-besten-service-533968. Zugegriffen: 17.09.2021.

der Person mit schlechtem Ruf nicht identifizieren können. Auch das sollten Sie bei der Besetzung von Schlüsselpositionen in Ihrem Unternehmen bedenken.

Reputationsschaden durch Sicherheitslücken: Das Beispiel PayPal
Wenn Sie eine Nachricht von PayPal in ihrem Mailaccount lesen, dann stellt sich gleich ein schlechtes Gefühl ein, oder? Durch eine bzw. mehrere Sicherheitslücken hat es der Konzern Betrügern in der Vergangenheit leicht gemacht, die Kontaktdaten der Kunden zu ergaunern, deren PayPal-Konten zu hacken und/oder massenhaft SPAM-Mail zu verschicken, durch die weitere Betrügereien durchgeführt werden konnten. So wurden massenhaft Produkte über private Accounts bestellt – und bezahlt – die nicht von den eigentlichen Konteninhabern veranlasst wurden. Außerdem wurden Konteninhaber dazu aufgefordert, auf einen Link zu klicken, um ein neues Passwort zu vergeben. Dieses landete natürlich dann bei den Cyberkriminellen, die das PayPal-Konto für ihre Zwecke nutzen konnten.

Hinzu kamen weitere Betrugsmaschen zum Beispiel über eBay-Kleinanzeigen, bei denen Privatkunden über Dreiecksgeschäfte abgezockt wurden. Das funktionierte so, dass ein Betrüger von einem Käufer eine Ware erwarb. Diese bot er dann über eine falsche Anzeige an einen zweiten Käufer, der die Ware per PayPal an den Verkäufer zahlte. Der Betrüger bekam die Ware, der rechtmäßige Käufer nur die Rechnung. Für diese Art des Betrugs gibt es zahlreiche weitere Beispiele, die den Zahlungsdienst PayPal in den vergangenen Jahren in Verruf gebracht haben.
Im Krisenmanagement zeigte sich der Anbieter nicht immer talentiert. Der 17-jährige Schüler Robert Kugler machte das Unternehmen auf einen Fehler aufmerksam, durch die eine simple Hacking-Attacke möglich wurde.[6] Angreifer konnten sich durch einen JavaScript-Code in den Browser eines PayPal-Kunden einhacken, um dessen Zugangsdaten zu

---

[6] Kirsch, C.: PayPal wieder durch Cross-Site-Scripting angreifbar. https://www.heise.de/security/meldung/PayPal-wieder-durch-Cross-Site-Scripting-angreifbar-1869515.html.   Zugegriffen: 24.09.2021.

bekommen. Damit derartige Bugs gar nicht erst zum weitreichenden Problem werden, hatte PayPal das Bug-Bounty-Programm ins Leben gerufen, das Internetaffine dazu aufforderte, solche Sicherheitslücken aufzudecken und sie an das Unternehmen zu melden. Dafür winkte dann ein entsprechender Lohn. Der Schüler, der die besagte Sicherheitslücke aufdeckte, meldete diese an PayPal. Die Antwort: Belohnungen stünden erst Nutzern ab 18 Jahren zu. Aus Verärgerung darüber, machte der 17-Jährige den Bug öffentlich. Er räumte dem Zahlungsanbieter vorab sogar noch eine Woche Zeit ein, die Lücke zu schließen. Doch PayPal lehnte nicht nur die Zahlung der Belohnung ab, sondern kümmerte sich auch nicht um den Bug. Diese „Anekdote" ist schon ein kleiner Ausblick auf das Kapitel darüber, wie wichtig ein gutes Krisenmanagement für die eigene Reputation ist.

Aber zurück auf das eigentliche Thema dieses Kapitels. Sicherheitslücken können nicht nur der Reputation großer Konzerne wie PayPal schaden, sondern auch kleinen und mittelständischen Unternehmen. Da reicht es zum Beispiel aus, dass Hacker Zugriff auf die Kundendatenbank bekommen und dem eigenen Kundenstamm daraufhin massenhaft SPAM-Mails im Namen der Firma senden. Im besten Fall. Im schlechtesten kommt es sogar zu finanziellen Schäden der Kunden – und damit läge dann auch Ihre Reputation sprichwörtlich am Boden. Das Thema Sicherheit und Datenschutz sollte auf Ihrer To-do-Liste also spätestens jetzt ein ganzes Stück nach oben rutschen.

1.5.2 Reputationsrisiken von außen

Manchmal kommt der Angriff auch von außen. Welche Reputationsrisiken darunterfallen, zeige ich Ihnen im Folgenden auf.

Reputationsschaden durch Shitstorms
Shitstorms sind im 21. Jahrhundert ein weit verbreitetes Phänomen und scheinen für einige Menschen sogar zu einer Art Hobby geworden zu sein. Im Cyber Security Report[7] von 2021 gaben 15 % der befragten

---

[7] Deloitte: Cyber Security Report 2021. Wahljahr 2021 – digitale Meinungsbildung ein Risiko. https://www2.deloitte.com/content/dam/Deloitte/de/Documents/risk/Deloitte-Cyber-Security-Report-2021.pdf. Zugegriffen; 24. 09.2021.

Unternehmen an, schon einmal Opfer eines solchen Shitstorms geworden zu sein. Ein Shitstorm kann entweder von einer Person oder gleich einer ganzen Gruppe losgetreten werden. Dabei sammeln sich zum Beispiel unter den Social-Media-Profilen des Unternehmens eine Reihe von negativen Kommentaren im besten und Hassbotschaften sowie diffamierenden Äußerungen im schlechtesten Falle. Auch hier agieren die meisten Teilnehmer wieder unter Fake-Accounts in der Anonymität.

Es gibt eine Reihe von Gründen, durch die ein Shitstorm losgetreten werden kann und genauso viele Beispiele, die ich hier aufführen könnte. Ein zeitlich schon etwas zurückliegender Skandal des Sportgeräteherstellers Peloton kommt mir dabei ins Gedächtnis. Peloton hatte einen Spot veröffentlicht, bei dem ein Mann seiner gertenschlanken, durchtrainierten Frau einen Hometrainer zu Weihnachten schenkt. An dieser Stelle ein Hinweis an alle Ehemänner: Das wäre schon im echten Leben keine so gute Idee. Der Spot schürt die Mann-Frau-Klischees aber noch weiter, indem die Frau sich später noch unterwürfig bedankt. Für diesen Spot erntete das Unternehmen einen erheblichen Shitstorm. In diesem Fall war der Shitstorm durch eine etwas unüberlegte Kampagne selbst gemacht. Ebenso gut kann Sie ein Shitstorm aber auch ohne Schuld treffen. Was in beiden Fällen zu tun ist, lesen Sie weiter unten im Bereich Risikomanagement.

Zitate, die aus dem Kontext gerissen werden
Wie schnell eine vermeintlich unbedachte Äußerung, die im Gesamtzusammenhang eigentlich überhaupt keinen Skandal wert hat, doch zu einem werden kann, beweisen immer wieder Fälle in den sozialen Netzwerken. Dazu ein Beispiel, das mir aus dem Jahr 2018 noch in Erinnerung ist.

Gesundheitsminister Jens Spahn wurde zu dem Thema befragt, wie er die Pflegesituation älterer Menschen in Deutschland verbessern wolle. Dazu antwortete er recht ausführlich, aufgegriffen wurde allerdings nur dieser kleine Auszug: *„Wenn von einer Million Pflegekräften 100.000 nur*

drei, vier Stunden mehr pro Woche arbeiten würden, wäre schon viel ge-
wonnen."[8] Ohne den Gesamtzusammenhang zu kennen, liest sich diese
These als Aufforderung an die ohnehin schon überlasteten Pflegekräfte,
die mit massig Überstunden und Arbeiten kämpfen, die teils über ihre
körperlichen und seelischen Grenzen gehen, doch einfach noch ein biss-
chen mehr arbeiten könnten.

Liest man diese Äußerung im Gesamtzusammenhang, dann ergibt sich
ein ganz anderes Bild: *„Außerdem haben viele Beschäftigte in Heimen und*
ambulanten Diensten ihre Stundenzahl reduziert, sodass wir auch ein Auge
auf die Arbeitsbedingungen werfen müssen. Wenn von einer Million Pflege-
kräften 100.000 nur drei, vier Stunden mehr pro Woche arbeiten würden,
wäre schon viel gewonnen." Und weiter unten ergänzt er dazu *„Vieles ist*
auch eine Frage der Organisation: faire Schichtpläne, verlässliche Arbeits-
zeiten, auch mal drei, vier freie Tage am Stück. Derzeit ist die Pflege der am
wenigsten planbare Beruf, den es gibt. Die meisten Menschen, die in der
Pflege arbeiten, arbeiten dort gerne, sie schöpfen viel Kraft aus ihrem Beruf,
hadern aber mit den Umständen, die er mit sich bringt. Deshalb müssen wir
auch an den Rahmenbedingungen arbeiten."[9]

Ein derartiges Reputationsrisiko durch eine Aussage, die losgelöst aus
dem Zusammenhang gerissen wird, lässt sich nicht gänzlich vermeiden.
Es bleibt nur, dafür zu sensibilisieren, dass jeder Satz in Pressemit-
teilungen oder Interviews so gewählt wird, dass er auch für sich selbst
stehen kann, ohne dass daraus ein Reputationsrisiko wird.

Reputationsrisiko durch Fake News

Wer in einem kleinen Dorf aufgewachsen ist, weiß vermutlich, wie
schnell sich Informationen verbreiten. Insbesondere Falschmeldungen
oder erhebliche Übertreibungen eines Sachverhaltes werden vom Bäcker
zum Friseur und dort ins Wartezimmer des Arztes getragen, wo sie später

---

[8] Wais, R. Spahn will Pflegekräfte mit besseren Bedingungen zu Mehrarbeit motivieren. https://
www.augsburger-allgemeine.de/politik/Interview-Spahn-will-Pflegekraefte-mit-besseren-Bedin-
gungen-zu-Mehrarbeit-motivieren-id52229651.html. Aufgerufen: 24. September 2021.

[9] Augsburger Allgemeine: Spahn will Pflegekräfte mit besseren Bedingungen zu Mehrarbeit motivieren. https://www.augsburger-allgemeine.de/politik/Interview-Spahn-will-Pflegekraefte-mit-bes-
seren-Bedingungen-zu-Mehrarbeit-motivieren-id52229651.html. Aufgerufen: 24. September 2021.

beim Kirchenkaffee ausgewertet werden. Da reicht es schon aus, dass sich Mann und Frau auf offener Straße unterhalten, um ihnen mal schnell eine spannende Affäre anzudichten. Allerdings gibt es hier einen erheblichen Unterschied zu der Bedrohung, die von der Digitalisierung ausgeht: Das „Dorfgespräch" bleibt innerhalb der regionalen Grenzen und schon ein Dorf weiter kommen die meisten Informationen nicht mehr an.

Durch die Digitalisierung können sich Falschmeldungen in Windeseile einmal um den Globus verbreiten. Dabei besteht die besondere Problematik darin, dass es sich bei bewusst falschen Informationen meistens um sehr spannende und erzählerisch aufgewertete Fakten handelt, die sich durch ihren großen Neugierde-Faktor schnell verbreiten. Durch die sozialen Netzwerke wird es noch leichter, solche Fake News einfach durch die Teilen-Funktion an andere Mitglieder weiterzuleiten. Werden an der richtigen bzw. in diesem Zusammenhang falschen Stelle solche Falschinformationen veröffentlich, können Sie sich in Windeseile verbreiten.

Reputationsschaden durch Prangerseiten
Prangerseiten stellen im Internet eine reale Bedrohung dar. Dabei handelt es sich um Seiten im Internet, auf der – selbstverständlich anonym – diffamierende Inhalte veröffentlicht werden. Es gibt solche Seiten nahezu für jeden Bereich und es können sowohl Personen als auch Unternehmen davon betroffen sein. Die gute Nachricht lautet: Kluge Internetnutzer erkennen solche Seiten bereits am deutlich negativ ausgerichteten Domainnamen, der bereits klarstellt, worum es auf dieser Seite geht. Klickt man dann auf eine solche Seite, dann sind dort zwar eine Vielzahl an Meinungen und Informationen zu finden, aber nichts davon ist mit Quellen oder wenn, dann nur mit sehr zweifelhaften, belegt. Prinzipiell kann jeder Mensch und jedes Unternehmen Opfer einer solchen Prangerseite werden. Über das dann wichtige Krisenmanagement lesen Sie einen eigenen Beitrag.

Reputationsrisiken durch Social Bots
Im Zuge der Digitalisierung und der Weiterentwicklung der künstlichen Intelligenz ist eine neue Bedrohung der Reputation für Unternehmen

entstanden: die Social Bots. Dabei handelt es sich um automatisierte Accounts, die auf den ersten Blick nicht von echten Usern zu unterscheiden sind. Im Hintergrund agieren aber vollkommen andere Identitäten – oft einzelne Personen mit einer konkreten Zielstellung aber auch andere Unternehmen und Gruppierungen. Das Ziel hinter den Social Bots kann vereinfacht so zusammengefasst werden, dass sie Meinungen und Konsumwünsche anderer, realer Nutzer gezielt manipulieren wollen. Dadurch können sie einen erheblichen Schaden verursachen. Social Bots werden im großen Stil zum Beispiel bei US-amerikanischen Wahlen eingesetzt, bei denen sie zum Beispiel bewusst falsche Informationen über Politiker verbreiten oder Wahlprogramme falsch auslegen, um dadurch die Entscheidung der Wähler in die gewünschte Richtung zu lenken. Dasselbe funktioniert eben auch im kleineren Stil bei mittelständischen Unternehmen. Sie können dem Image eines Unternehmens schaden oder auch Kunden abwerben sowie Produkte und Dienstleistungen diffamieren. Automatisierte Accounts können massenhaft negative Bewertungen verstreuen und damit erhebliche Imageschäden verursachen. Da Kundenbewertungen maßgeblich sind für die Kaufentscheidung, kann ein einzelner Social Bot dafür sorgen, dass niemand mehr Ihre Produkte kauft.

Hinter einem Social Bot steckt eine vergleichsweise einfache Technik. Es werden vorab aus den sozialen Netzwerken massenhaft Daten gesammelt, die ja in ausreichender Form zur Verfügung stehen. Sind genügend Daten vorhanden, wird vollkommen automatisiert ein authentisch wirkendes Nutzerprofil erstellt oder es wird einfach ein bestehender Account gehackt, in dessen Namen die Betrüger im Hintergrund dann weiter agieren. Die Bots lassen sich dann für die individuellen Zwecke programmieren. Zum Beispiel können sie darauf ausgelegt werden, dass sie Hashtags bei Twitter generieren oder bestehende Messages retweeten. Cyberkriminelle müssen dafür keine Experten sein, sondern können Bot-Programme zu vergleichsweise günstigen Preisen kaufen. Durch simulierte Schlafenszeiten oder Tippfehler in den Postings soll die Unterscheidbarkeit eines solchen Bots von einem echten User-Account kaum noch zu unterscheiden sein. Zudem „sprechen" die Bits zwischendurch auch über ganz neutrale Themen, um die Glaubwürdigkeit zu erhöhen.

Durch diesen kleinen Einblick in die Funktionsweise eines solchen Bots können Sie vielleicht schon erahnen, welchen erheblichen Schaden er verursachen kann. Die Technologien werden zudem immer ausgereifter, sodass diese Art der Bedrohung der eigenen Reputation immer realer wird für Unternehmen jeder Größe. Dies soll keine Panikmache sein, aber jeder sollte seine Gegner kennen. Es ist wichtig zu wissen, welche Bedrohungen im Zuge der Digitalisierung entstehen können. Laut einer Studie der University of Southern California[10] verbergen sich mittlerweile hinter 15 % aller Twitter-Accounts Social Bots. Was hilft? Im ersten Schritt das World Wide Web und die eigene Reputation immer im Blick zu behalten und dazu die eigenen Mitarbeiter im Bereich Medienkompetenz zu schulen. Wer Gefahren frühzeitig entdeckt, kann eben auch rechtzeitig darauf reagieren. Je schneller Fake-Accounts aufgedeckt werden, desto schneller kann man auf sie reagieren. Zudem steht für die Aufdeckung solcher Bots bereits moderne Technik zur Verfügung, auf die ich dann gerne im Kapitel zum Reputationsmanagement eingehen möchte.

Risiken durch Social Engineering
Ein Bereich, der sehr eng mit den Social Bots verwandt ist, aber doch ein komplett anderes Risiko für die eigene Reputation birgt, ist das Social Engineering. Es handelt sich dabei ebenfalls um eine Form der KI, die für die Wirtschaftsspionage genutzt wird. Beim Social Engeneering werden ebenfalls Bots programmiert, die allerdings direkt auf Mitarbeiter des Unternehmens zugehen, um sie zu manipulieren und mit Falschinformationen zu versorgen. Auch interne Informationen über eine Firma sollen auf diesem Wege gewonnen werden.

Umgesetzt wird das ganze so, dass diese Bots – als professionell wirkender Account – Mitarbeiter eines Unternehmens über ihre privaten Social-Media-Accounts ansprechen und sie durch ausgeklügelte Taktiken dazu überreden, sensible Informationen preiszugeben. Kann das funktionieren? Leider ja. Der Softwarekonzern Datev hat eine Informations-

---

[10] Varol, O. u. a.: Online Human-Bot Interactions: Detection, Estimation, and Characterization. https://arxiv.org/pdf/1703.03107.pdf. Zugegriffen: 24. September 2021.

broschüre[11] veröffentlicht, in dem das Thema Social Engeneering als Risiko für die Sicherheit und die Reputation des Unternehmens thematisiert wird. Darin heißt es im Vorwort: „Social Engineering wird von vielen Sicherheitsbeauftragten als die gefährlichste Form des Informationsdiebstahls angesehen." Der Mensch sei dabei selbst das größte Risiko, weil Menschen manipulierbar seien und von jeher auf Kooperation getrimmt würden. Daher sei es für viele Menschen auch ein dringender Wunsch, sich kooperativ zu verhalten. Diese menschlichen Eigenschaften würden, so heißt es im Vorwort, von den Bots zu manipulativen Zwecken ausgenutzt werden.

Besonders gefährdete Unternehmen seien diejenigen, bei denen die Mitarbeiter sehr häufig in Kontakt mit unternehmensfremden Personen seien sowie Assistentinnen der Geschäftsführung und generell alle Mitarbeiter, die sich durch Social Engineering durch ein fehlendes Bewusstsein dafür ausspionieren lassen können.

Die Broschüre macht in meinen Augen sehr anschaulich deutlich, an welchen oft vollkommen unvermuteten Stellen der Weg für solche Angriffe geebnet werden kann. Das kann schon ein Telefonat im Zug sein, das den Mitreisenden Auskunft über die Arbeitsstelle und den eigenen gibt. Auch das „Shoulder Surfing", also ein Blick auf den Bildschirm des Vordermanns kann sensible Informationen verbreiten. Darüber hinaus kann ein Anrufer den Eindruck erwecken, ein neuer Mitarbeiter zu sein, der sich einarbeiten will und zu diesem Zweck sensible Informationen benötigt. In sehr großen Firmen kann es sogar passieren, dass sich Täter in die Kantine setzen und dort mit den Mitarbeitern ins Gespräch kommen. Auch hier gilt: das Risiko betrifft Firmen jeder Größe. Der erste Schritt, um sich davor zu schützen, ist es, ein Bewusstsein dafür zu schaffen

---

[11] Deutschland sicher im Netz e.V.: Verhaltensregeln zum Thema „Social Engineering". https://www.sicher-im-netz.de/sites/default/files/download/leitfaden_social_engineering.pdf.   Zugegriffen: 24. September 2021.

1.5.3   Der Barbra-Streisand-Effekt

Was passierte in Ihrer Kindheit, wenn Sie krampfhaft versucht haben, eine Information vor Ihren Eltern geheim zu halten? Richtig! Es ist mit Pauken und Trompeten herausgekommen und am Ende hat der Versuch, etwas zu verheimlichen, alles nur noch schlimmer gemacht. Die Schauspielerin Barbra Streisand hat diesen Effekt einst am eigenen Leib erlebt. Sie besaß eine exklusive Strandvilla, deren Existenz sie verständlicherweise vor der Öffentlichkeit fernhalten wollte. Nun fand sie im Portfolio eines Fotografens ein Bild ihres Hauses und verklagte den Fotografen Kenneth Adelmann auf 50 Millionen Dollar. Streisand verlor diesen Prozess. Warum? Weil der Fotograf insgesamt 12.000 Fotos veröffentlicht hatte und auf dem besagten Bild nur die Schönheit der kalifornischen Küste dokumentieren wollte. Zudem wusste er zum Zeitpunkt der Aufnahme nicht einmal, dass sich auf dem Bild zufällig die Villa der Schauspielerin befand und machte dies auch zu keiner Zeit kenntlich. Hätte Barbra Streisand nicht so einen Wirbel veranstaltet, dann wäre dieses Bild eines unter 12.000 geblieben, dass einfach eine schöne Landschaft zeigt. Weil Streisand nun aber darauf zufällig ihre Villa entdeckte und Klage einreichte, wusste nun alle Welt, wo sie residierte. Sie hatte damit also genau das Gegenteil erreicht.

Manchmal versuchen Unternehmen, bestimmte Informationen unter Verschluss zu halten. Notfalls auch auf dem Rechtsweg. Wenn diese Information dann aber doch durchsickert, bekommt sie durch den Wirbel, den das Ganze auslöst, noch weitaus mehr Aufmerksamkeit, als es vorher der Fall gewesen wäre.

Bei einer guten Unternehmensführung gibt es nicht viele „Geheimnisse", die auf diesem Wege unter Verschluss gehalten werden müssen. Damit sensible Informationen aber nicht hinausposaunt werden, braucht es eine gute Kommunikationsstrategie. Auch dies ist ein wichtiger Teil des Reputationsmanagements.

Beispiele für den Streisand-Effekt

Ein prominentes Beispiel mit weitreichendem Echo war 2016 die Affäre um Jan Böhmermann. Das Magazin extra 3 hatte eine Persiflage mit dem

Titel „Erdowie, Erdowo, Erdogan" ausgestrahlt, was den türkischen Prä-
sidenten dazu veranlasste, ein Gespräch mit dem deutschen Botschafter
anzuberaumen. Dies nahm der Satiriker Jan Böhmermann zum Anlass,
ein Gedicht mit dem Titel „Schmähkritik" zu schreiben, dass diese Thematik rund um Erdogan aufnahm. Zwischenzeitlich wurde dieses Gedicht sogar verboten, was einen weiteren Beitrag dazu leistete, dass sich
das Gedicht rasant um die ganze Welt verbreitete und Auszüge überall zu
lesen waren. Was wäre geschehen, wenn der Präsident, den extra 3-Beitrag
einfach ignoriert hätte? Richtig, vermutlich einfach gar nichts. Er wäre
für kurze Zeit angesehen worden und dann wieder in Vergessenheit
geraten.

Was können Unternehmen daraus lernen? Dass sie immer vorab das
Für und Wider abwägen sollten, ob es sich lohnt, um eine vermeintliche
Affäre einen großen Wirbel zu machen. Sie können immer davon ausgehen, dass dies in aller Regel weitaus mehr Aufmerksamkeit erregt, als
wenn sie bestimmte Dinge einfach in aller Stille regeln.

1.6   Was beeinflusst die Reputation?

In der bereits genannten Studie „The State of Corporate Reputation in
2020" werden die Faktoren aufgezählt, die die Reputation eines Unternehmens maßgeblich beeinflussen. Diese Faktoren sollten Sie immer im
Hinterkopf haben, wenn Sie an dem Thema Reputationsmanagement
arbeiten.

Daneben hat dieselbe Studie in Zahlen auch verdeutlicht, wie wichtig
die Reaktion eines Unternehmens ist, wenn einer der Faktoren mal aus
dem Gleichgewicht gerät. Krisen sind das Eine und nicht einmal das
beste Reputationsmanagement kann verhindern, dass es zu Reputations-
vorfällen kommen kann. Jetzt kommt es aber darauf an, diese Krise professionell zu meistern. Wie genau ein gutes Krisenmanagement bei Angriffen auf die Reputation funktioniert, erläutere ich später eingehend in
einem eigenen Kapitel. An dieser Stelle nur so viel: Kommunikation ist
das Schlagwort. Diese Kommunikation muss sowohl intern, als auch extern erfolgen – in der Presse und in den sozialen Netzwerken.

Ihr Transfer in die Praxis

- Nehmen Sie das Thema Reputation ernst und setzen Sie es rechtzeitig auf Ihre Agenda
- Etablieren Sie einen Workflow, durch den Sie alle öffentlichen Meinungsäußerungen über Sie im Blick behalten
- Behalten Sie Ihre Reputationsrisiken immer im Blick

Weiterführende Literatur

Wallner, A.: Nestlé: darum hat der Konzern so einen schlechten Ruf. https://de.style.yahoo.com/fies bose-nestle-darum-hat-der-konzern-einen-so-schlechten-ruf-104426151.html. Zugegriffen: 10. September 2021.

Küng, C. Was ist Reputation – Hier finden Sie die genaue Definition. https://www.cro.swiss/2018/12/13/definition-von-reputation/. Zugegriffen: 10. September 2021.

Kloiber, Y.: Bewertungsportale: Diese Plattformen sollten Sie kennen. https://blog.hubspot.de/service/bewertungsportale. Zugegriffen: 10. September 2021.

Glaser, M. Wie sich Reputation auf den Profit auswirkt. https://seosupport.de/wie-sich-reputation-auf-den-profit-auswirkt/. Zugegriffen: 10. September 2021.

Nüller-Vogg, H. Es gibt kein Grundrecht auf Anonymität. Fluch und Segen der Sozialen Netzwerke. https://www.cicero.de/innenpolitik/soziale-netzwerke-twitter-anonymitaet-hass-diskurs-trolle-klarnamenpflicht. Zugegriffen: 17. September 2021.

Prevency.com: Was ist eine Desinformation? https://prevency.com/was-ist-desinformation/. Zugegriffen: 17. September 2021.

Born, G.: Patzt PayPal bei der Sicherheit? Schwachstellen Angefixt. https://www.borncity.com/blog/2020/02/17/patzt-paypal-bei-der-sicherheit-schwachstellen-ungefixt/. Zugegriffen: 24. September 2021.

Kossel, U. Social Bots – Gefahren und Lösungen. https://entwickler.de/security/social-bots-gefahren-und-losungen. Zugegriffen: 24. September 2019.

2

Analyse des Ist-Zustandes

Was Sie in diesem Kapitel erfahren

- Wie Sie den Ist-Zustand Ihrer Reputation konkret messen können
- Welche Tools Ihnen dafür zur Verfügung stehen
- Welche Schlüsse Sie aus den Ergebnissen ziehen

Könnten Sie auf Anhieb sagen, wie es um Ihre Reputation bestellt ist? Sowohl innerhalb der Firma als auch in den Augen der Kunden? Wer sich nicht intensiv und strategisch mit dem Thema auseinandersetzt, hat vermutlich eine Art Bauchgefühl, in welche Richtung es gehen könnte. Reale Fakten kennen Sie aber erst, wenn Sie sich intensiv mit dem Thema Reputationsmanagement beschäftigen. Der erste Schritt in diese Richtung führt über die Analyse des Ist-Zustandes.

© Der/die Autor(en), exklusiv lizenziert an Springer Fachmedien Wiesbaden GmbH, ein Teil von Springer Nature 2022
S. Petrov, *Quick Guide Online-Reputation für KMU*, Quick Guide,
https://doi.org/10.1007/978-3-658-37415-0_2

2.1 So erkennen Sie den Ist-Zustand Ihrer Online-Reputation

In der oben bereits aufgeführten Studie von Weber Shandwick und KRC Research, wurden die 2200 Führungskräfte auch dazu befragt, wie hoch die Relevanz der Reputationsmessung ist und in welcher Form die Reputation in ihrer Firma überhaupt gemessen wird. Dabei gaben 76 Prozent der Befragten an, dass die Geschäftsleitung die Reputation des Unternehmens misst oder immerhin aktiv überwacht. Es gibt eine ganze Reihe von Indikatoren, die Ihnen Aufschluss über Ihre Reputation geben. Ich habe an dieser Stelle die aus meiner Sicht wichtigsten Kennzahlen ausgewählt. Dabei beschränke ich mich bewusst nur auf die Faktoren von außen, denn Themen wie Mitarbeiterzufriedenheit – ebenfalls eine wichtige Kennzahl bei der Analyse des Ist-Zustandes – bekommen unter dem Stichwort Employer Branding ein eigenes Kapitel.

2.1.1 Verkaufs- und Finanzleistung

In der oben genannten Studie gaben 44 % der Befragten an, dass die Bilanzen des Unternehmens, allen voran die Entwicklung im Bereich Verkauf und Finanzen, ein wichtiger Indikator für die Reputation seien. Aus der Sicht des Vertriebsleiters ist es tatsächlich so, dass die Kurve nach oben oder unten natürlich ein wesentlicher Indikator dafür ist, ob die Firma einen guten Ruf hat oder nicht. Gehen die Umsätze zurück, kann das viele Ursachen haben. Unter anderem die Ursache, dass das Vertrauen der Kunden zurückgegangen ist, weil Falschmeldungen in Umlauf gebracht wurden oder plötzlich ein massenhafter Anstieg schlechter Bewertungen zu verzeichnen ist. Auf der anderen Seite funktioniert die Rechnung: Guter Umsatz = Gute Reputation, Schlechter Umsatz = Schlechte Reputation natürlich nicht. Zurückgehende Umsätze werden von jedem Unternehmen ernstgenommen. Auf der Suche nach möglichen Ursachen sollte immer auch ein möglicher Reputationsschaden in Betracht gezogen werden.

2.1.2 Stakeholder-Umfragen

Mitarbeiter, Kunden, Lieferanten: Alle Personen, die in einem wie auch immer gearteten Kontakt zu einem Unternehmen stehen, gelten als Stakeholder. Sie nehmen je nach Position und Stellung zur Firma eine ganz individuelle Perspektive ein, die für die Analyse der Reputation unbedingt angehört werden sollte.

Wie misst man nun die Meinung einer bestimmten Interessengruppe über ein Unternehmen? Idealerweise mithilfe einer Umfrage, über die Sie die Einstellung einer bestimmten Gruppe (z. B. die der Mitarbeiter oder die der Lieferanten) zu Ihrem Unternehmen messen können. Mit solchen Umfragen können Sie zwei Dinge erreichen. Sie können einerseits Schwachpunkte ermitteln, unter denen Ihre Reputation leidet. Auf der anderen Seite können Sie aber auch Potenziale identifizieren, mit denen Ihr Unternehmen die eigene Reputation noch stärken könnte. Es gibt für solche Umfragen bereits einfache Vorlagen im Netz. Andernfalls können Sie auch eine spezialisierte Agentur beauftragen.

Ein Beispiel zur Verdeutlichung der Relevanz von Umfragen: Zwei Freundinnen treffen sich auf einen Kaffee. Es wird ein netter Nachmittag, die Sonne scheint und die beiden Frauen tauschen sich über die Ereignisse der letzten Wochen aus. Es ist gute Stimmung, man verabredet sich gleich für das nächste Mal. Auf dem Rückweg trifft eine der beiden eine gemeinsame Bekannte und lässt sich direkt darüber aus, was für ein furchtbar hässliches Kleid die Freundin eben getragen habe. So oder so ähnlich geschieht es täglich auf dieser Welt – übrigens natürlich auch unter Männern und zwischen Mitarbeitern und ihren Chefs oder auch zwischen Kunden und Unternehmen.

Im unternehmerischen Alltag ist es oft gar nicht möglich, ein ehrliches Feedback zu erhalten. Zwischen Meetings und Kundenterminen bleibt gar keine Gelegenheit, sich ehrlich auszutauschen und den Finger auch mal in die Wunde zu legen. Umso wichtiger ist es, nachzufragen und sowohl Mitarbeitern als auch Kunden die Gelegenheit zu einem ehrlichen Feedback zu geben.

Die Frage, ob solche Umfragen offen oder anonym durchgeführt werden sollten, muss immer im Einzelfall entschieden werden. Beide Varian-

ten haben ihre Vor- und Nachteile. Anonyme Umfragen haben den großen Vorteil, dass die Teilnehmer hier freier in ihrer Meinungsäußerung
sind und nicht in einen Interessenkonflikt geraten. Alternativ können Sie
den Teilnehmern auch freistellen, ob sie ihre Daten angeben möchten
oder lieber nicht. Ein weiterer Vorteil anonymer Umfragen besteht darin,
dass hier die Rücklaufquote oftmals sehr viel höher ist. Offene Umfragen
geben meistens nur ein sehr verzerrtes Bild dessen wieder, was Stakeholder tatsächlich über Ihr Unternehmen denken.

Verschiedene Typen von Mitarbeiterbefragungen

Bevor Sie eine Mitarbeiterbefragung zur Analyse des Ist-Zustandes durch-
führen, muss die Überlegung stehen, welchen Zweck die Umfrage erfüllen soll. Welche Kerninformation wollen Sie erfassen? In meiner Arbeit
haben sich verschiedene Fragestellungen als sinnvoll erwiesen, die ich
Ihnen gerne als Inspiration an die Hand gebe.

- *Mitarbeiterzufriedenheit*
  Eine gute Reputation beginnt im Inneren des Unternehmens. Sie wer-
  den es niemals schaffen, nach außen ein gutes Bild zu erzeugen, wenn
  es im Inneren der Firma kracht. Ihre Mitarbeiter sind es, die im
  Kontakt mit Kunden und anderen Stakeholdern stehen und damit ein
  Bild des Unternehmens vermitteln, das positiv ist. Kunden spüren
  intuitiv, ob Mitarbeiter bei jeder Frage verängstigt zum Chef hinü-
  bersehen oder keine Fragen beantworten dürfen, weil sie keine
  Kompetenzen bekommen. Sie nehmen auch wahr, wenn sie bei jedem
  Besuch oder jedem Kontakt einen neuen Mitarbeiter präsentiert bekommen, weil Fluktuation zu den Kernkompetenzen geworden ist.
  Die Zufriedenheit der Mitarbeiter muss erst auf Grün stehen, bevor
  Sie mit dem Thema Online-Reputation auch nach außen weiter-
  machen können. Fragen können zum Beispiel zur allgemeinen
  Arbeitszufriedenheit, zu den Gründen für das Verbleiben in der Firma
  oder zur Unternehmenspolitik gestellt werden. Großen Mehrwert bieten offene Fragen über Wünsche und Verbesserungsvorschläge, die Sie
  im Übrigen unbedingt ernstnehmen sollten. Finden Sie über die
  Umfrage heraus, warum Ihre Mitarbeiter im Unternehmen bleiben,

was sie hält und was sie sich wünschen, um sich auch längerfristig mit ihrer Arbeit identifizieren zu können.

* *Mitarbeiterengagement*
Wie steht es um die allgemeine Leistung Ihrer Firma. Schöpfen Sie die Potenziale Ihrer Mitarbeiter voll aus? Identifizieren sie sich mit ihren Aufgaben oder machen sie nur Dienst nach Vorschrift? Arbeiten die Mitarbeiter auch abteilungsübergreifend miteinander? Mit einer Umfrage zum Mitarbeiterengagement decken sie das Entwicklungspotenzial Ihres Unternehmens auf und erfassen Parameter, wie dieses noch optimiert werden kann. Hintergrund: Nur Mitarbeiter, die ihre Potenziale in ihrem Unternehmen voll entfalten können, bleiben Ihnen auch langfristig erhalten.

* *Geschäftsprozesse*
Mitarbeiter erleben Prozesse und Strukturen aus erster Hand. Auch wenn Chefs hinter ihrem Schreibtisch mit bester Absicht Abläufe ausdenken, ist dies noch kein Garant dafür, dass diese in der Praxis auch funktionieren. Es gibt immer den Faktor X, den nur die Mitarbeiter kennen. Über eine Umfrage zur Zufriedenheit und der internen Akzeptanz der Geschäftsprozesse erhalten Sie aus erster Hand ein Feedback. Ein weiterer Vorteil: Mitarbeiter, die nach ihrer Meinung gefragt werden, fühlen sich Wertgeschützt. Sie bekommen das gute Gefühl, in die Entscheidungsprozesse einbezogen zu werden.

* *Selbsteinschätzungen*
Im Rahmen von 360° Umfragen können Sie Ihre Mitarbeiter – und Führungskräfte – nicht nur dazu animieren, ein Feedback zu anderen zu geben, sondern können Sie auch nach ihrer Meinung über die eigene Arbeitsleistung befragen. Was das bringen soll? Sie geben einen Anstoß, sich selbst zu reflektieren und an eventuellen Unzulänglichkeiten zu arbeiten.

* *Employee Experience*
Von der Bewerbung über den Unternehmenseinstieg bis zur langfristigen Mitarbeit machen Mitarbeiter sehr intensive Erfahrungen, die Sie im Rahmen einer Befragung sinnvoll einfangen können. Hangeln Sie sich durch die verschiedenen Touchpoints (z. B. Erstkontakt mit der Personalabteilung) und decken Sie dadurch die Potenziale auf, die zur Verbesserung der Mitarbeiterzufriedenheit bei-

tragen. Noch einmal: Alles zielt darauf ab, zunächst die internen Strukturen in Ordnung zu bringen, bevor sich ein Reputationsmanagement nach außen wirklich lohnt.

• *Teamwork*
Zwischen einem funktionierenden Teamwork und der Arbeitszufriedenheit gibt es einen engen Zusammenhang. Daher sollten Sie auch dieses Thema in Ihre Umfrage aufnehmen. Je besser Teamkollegen miteinander arbeiten können, desto mehr Unterstützung erhalten sie und desto mehr fühlen sie sich als Teil einer Gemeinschaft, in die es lohnt, sich einzubringen.

• *Informations- und Kommunikationspolitik*
Sie kennen ganz sicher den Frust, der aufkommt, wenn eine Informationsbeschaffung mühsam und zehrend ist. Ebenso frustrierend ist es für Mitarbeiter, die lange Strecken zurücklegen müssen, bevor sie eine Information erhalten. Bei einer besonders ausbaufähigen Informationspolitik kann dies auch gerne mal einige Wochen dauern, wenn Kollegen im Urlaub sind oder sich einfach niemand zuständig fühlt. Die Informations- und Kommunikationspolitik ist ein wichtiger Indikator im Employer Branding und steht daher auch in direktem Zusammenhang mit der Online-Reputation.

• *Work Life Balance*
Früher war es „en vogue", sich vollständig für seine Arbeit und das Unternehmen aufzuopfern. Feierabend, Wochenende, Urlaub: ein unerreichbares Luxusgut. Zeiten ändern sich. Heute ist die Work Life Balance ein maßgeblicher Faktor dafür, dass Mitarbeiter sich langfristig mit einem Unternehmen identifizieren und ihre Arbeit nicht nur als Störfaktor wahrnehmen. Die Vereinbarkeit von Berufs- und Privatleben ist für viele Mitarbeiter von größter Bedeutung. Jeden Tag mit Höchstgeschwindigkeit zur Schule der Kinder rasen, um sie pünktlich abzuholen oder jeden Arzttermin dreimal verschieben müssen, weil immer wieder ein Meeting dazwischengeschoben wird. Das verursacht Stress, und Stress wirkt sich wiederum langfristig negativ auf die Gesundheit, die Arbeitsmoral und die Leistung aus.

• *Unternehmenskultur*
Die Identifikation der Mitarbeiter mit der Unternehmenskultur ist ein ebenso bestimmender Faktor für die Stimmung innerhalb der Firma.

Hier kann Kleines oftmals viel bewirken. Ein Beispiel: Frau Maier beschäftigt sich privat sehr viel mit dem Thema Umweltschutz und achtet beim Einkauf streng darauf, nur ressourcenschonende Artikel mit möglichst wenig Verpackung aus verantwortungsbewusster Herstellung zu kaufen. Daher ist ihr die Papierverschwendung im Büro schon lange ein Dorn im Auge. Auch im Gespräch mit anderen Mitarbeitern werden immer mehr Punkte entdeckt, an denen das Unternehmen sehr verschwenderisch mit den Ressourcen umgeht. In der Kantine werden Meinungen gebildet – oftmals ganz unentdeckt von der Geschäftsführung. Dies kann wie ein Wurzelbrand sein, der längere Zeit unter der Oberfläche schwelt und erst dann entdeckt wird, wenn schon ein großer Schaden angerichtet ist. Daher: Bleiben Sie immer up to date, worüber die Belegschaft gerade spricht, welche Themen wichtig sind und schaffen Sie immer kurze Wege für Feedback.

Generell zeigen Mitarbeiterbefragungen immer, dass Sie Meinungen, Wünsche und Feedback ernst nehmen. Allerdings sollten Sie sich auch darüber im Klaren sein, dass solche Befragungen am Ende auch von Taten gefolgt sein müssen. Denn wenn Sie lediglich Wünsche erfassen, Kritik im Sande verläuft und am Ende alles bleibt, wie es war, kann die Wirkung sich schnell ins Gegenteil verkehren. Außerdem gehen Sie das große Risiko ein, ihre Glaubwürdigkeit zu verlieren. Mitarbeiterbefragungen sollten Sie schlussendlich nur dann ins Leben rufen, wenn Sie auch die Kapazitäten und die Motivation haben, den Finger in die Wunde zu legen und die Wunde am Ende auch schließen zu wollen.

Mitarbeiterbefragungen helfen der Geschäftsführung dabei, die Betriebsblindheit auszustellen und einen klaren Blick auf den Ist-Zustand Ihrer Reputation zu werfen.

2.1.3 Bewertungsportale im Internet

Jeder von uns nutzt sie und vielfach sind sie auch sehr hilfreich: Bewertungen geben eine Orientierung und einen vermeintlich authentischen Einblick auf eine Leistung aus Kundensicht. Das kann bei der Entscheidungsfindung für oder gegen ein Unternehmen sehr hilfreich sein.

Unternehmen sollten diese Portale kennen, um herauszufinden, wie über sie gesprochen wird.

Bewertungsportale haben eine meinungsbildende Funktion. Was dort steht, beeinflusst bewusst und unbewusst die Kaufentscheidungen und auch die Reputation eines Unternehmens. Zudem sind sie auch für das Marketing wichtig. Wer auf einer Bewertungsplattform 9,9/10 Punkten bekommt, der kann dies als vertrauensbildendes Argument in der Außenkommunikation nutzen. Daneben bieten viele Bewertungsportale auch die Möglichkeit, einen Button mit den positiven Bewertungen auf die eigene Seite einzubinden. Das Ganze funktioniert aber auch andersrum. Schlechte Bewertungen können sehr schnell rufschädigend sein. Gleichzeitig bekommen Firmen durch authentische Bewertungen (die nicht durch einen Bug o. ä. erzeugt worden sind) die Chance, sich im Rahmen eines internen Qualitätsmanagements zu verbessern. Bewertungen sind also gleichermaßen eine nützliche wie gefährliche Ressource, die insbesondere bei der Analyse der Reputation sehr aufschlussreich ist.

Anbei habe ich eine Auswahl der aus meiner Sicht wichtigsten Portale zusammengestellt, die Sie kennen sollten, um Ihre Reputation zu überprüfen. Dabei sind die Portale je nach Branche mehr oder weniger relevant.

TripAdvisor

Dieses Bewertungsportal ist besonders für die Tourismusbranche interessant. Wer ein Restaurant betreibt, Hotelbetten vermietet, einen Hochseilgarten oder andere Attraktionen anbietet, der ist mit an Sicherheit grenzender Wahrscheinlichkeit auch auf TripAdvisor vertreten. Neben einem Bewertungsportal ist TripAdvisor auch noch ein Vergleichsportal, mit dem Nutzer das bestmögliche Angebot finden können. Gerade dadurch hat es auch so eine hohe Reichweite. Wer Zulauf durch Gäste und Kunden haben möchte, sollte bestrebt sein, hier eine möglichst gute Reputation aufzubauen. Positive Bewertungen haben durch die guten Rankings des Portals und durch die vielen Besucher eine wesentlich höhere Gewichtung als in Portalen, die nicht so frequentiert sind. Alle Unternehmen auf dem Portal zusammengenommen, hat jedes Unternehmen ca. 100 Bewertungen. Sie sollten jede einzelne dieser Meinungen kennen und zeigen, dass Sie sie ernst nehmen. Es gibt eine Kommentarfunktion, über die Sie Ihren Standpunkt des Sachverhaltes darstellen können.

Google My Business
Google My Business ist ein Portal, das von Google selbst aufgebaut wurde. Firmen jeder Größe können sich hier zunächst kostenlos registrieren und wichtige Daten zu ihrem Unternehmen hinterlegen. Das ist unabhängig davon, ob Sie Dienstleistungen anbieten, virtuelle Leistungen oder in einem Ladengeschäft Schuhe verkaufen. Ein Eintrag steigert Ihre Reichweite. Sie können Kontaktdaten und Informationen zu Öffnungszeiten hinterlegen, dabei aber auch News schreiben und dadurch mit den Kunden immer in Kontakt bleiben. Gleichzeitig haben Kunden aber auch die Möglichkeit, Sie und Ihre Angebote zu bewerten.

Google steht in der Customer Journey ganz weit oben. Wer nach Angeboten oder Dienstleistungen sucht, der sucht sie meistens via Google. Google Business wird dabei meistens sehr weit oben eingeblendet und dabei auch die Bewertungen. Das ist auch das erste, was Kunden lesen. Google und Google My Business tragen entscheidend zur Meinungsbildung bei. Es sollte zur regelmäßigen Routine werden, neue Einträge zu lesen und einen entsprechenden Umgang damit zu pflegen. Wie genau dies funktioniert, lesen Sie später im Kapitel zum Thema Reputationsmanagement.

Bewertet.de
Dieses Portal ist speziell für die Suche und Bewertung von Dienstleistungen, die online gestellt werden. Über die Autofill-Funktion wird es Nutzern erleichtert, nach einem Reifenservice zu suchen oder einem Hausmeisterdienst. Kunden können sowohl Sterne vergeben als auch in eigenen Worten beschreiben, was gut bzw. schlecht an der Zusammenarbeit war.

Yelp
Das Bewertungsportal Yelp gehört zu den Top-Bewertungsportalen im Netz und ist daher umso relevanter für Ihr Reputationsmanagement. Es bezieht sich nicht speziell auf eine Branche. Kunden können hier ortsbezogen sowohl Restaurants als auch Werbeagenturen, Zoologische Gärten oder Nagelstudios bewerten. Gleichzeitig verbindet Yelp die Möglichkeit der Bewertung mit der Interaktion. Man kann abgegebene Bewertungen teilen und mit anderen Usern interagieren. Sowohl positive als auch ne-

gative Bewertungen werden also nicht nur nach einer konkreten Suche eingeblendet, sondern sie verbreiten sich automatisch. Allein deshalb gilt: Yelp sollte jedes Unternehmen zwingend in die Analyse seiner Reputation einbeziehen.

Facebook

Wer mit seinem Unternehmen auf Facebook vertreten ist, der kann auch bewertet werden. Es gibt keine Möglichkeiten, die Bewertungsfunktion auszustellen und auch das Löschen diffamierender Beiträge gestaltet sich in der Praxis schwierig. Jedenfalls spielt auch Facebook eine wichtige Rolle, wenn Sie den Ist-Zustand Ihrer Reputation messen wollen. Allein durch die sehr hohe Reichweite und die hohen Nutzerzahlen gehört Facebook zu den wichtigsten, reputationsbildenden Faktoren im Netz. Denn auch hier werden Inhalte geteilt und Meinungen verbreiten sich rasant weiter.

Trustpilot

Wie der Name der Seite schon vermuten lässt, geht es bei Trustpilot darum, die Vertrauenswürdigkeit einer Seite zu bewerten bzw. vertrauenswürdige Firmen zu finden. Wer sich über ein Unternehmen informiert, der schaut in der Regel auch auf Trustpilot nach, welche Erlebnisse andere Nutzer mit diesem Unternehmen gemacht haben.

Kununu

Eine ganz andere Zielgruppe hat die Plattform Kununu im Blick. Dort bewerten nämlich (ehemalige) Mitarbeiter ihren Arbeitgeber. Diese Einträge lesen im Zweifel einerseits potenzielle neue Mitarbeiter, die durch die Meinungen einen authentischen Einblick in das Unternehmen bekommen. Überwiegend negative Einträge können demnach dazu führen, dass die Mitarbeiterakquise erheblich erschwert wird. Aber auch Kunden können über dieses Portal stolpern. Ist dort von einer schlechten Behandlung der Mitarbeiter, Niedriglöhnen oder Ausbeute die Rede, schadet dies erheblich der Reputation. Für viele Kunden spielt es eine zunehmend wichtige Rolle, wie ein Unternehmen arbeitet, ob es nachhaltig ist und soziale Verantwortung übernimmt. Hat das Unternehmen bei einem dieser Faktoren ein schlechtes Image, dann wird es Kunden verlieren.

2.1.4 Anzahl der Bewerbungen

Eine sehr leicht zu erhebende Kennzahl für die Analyse des IST-Zustandes ist die quantitative, aber auch die qualitative Anzahl der eingehenden Bewerbungen. Nachdem Sie erste, richtige Schritte in die Richtung einer Employer Branding Strategie gegangen sind, sollten Sie eine Zunahme der Bewerbungen erkennen können und im Idealfall auch wahrnehmen, dass sich zunehmend auch spezialisierte Fachkräfte und High Potentials bei Ihnen bewerben.

2.1.5 Einladung zu Vorträgen

Wenn Sie von innen heraus wachsen, dann werden Sie auch von außen als kompetentes Unternehmen wahrgenommen, das spezialisiert ist auf sein Fachgebiet. In der Folge ist zu erwarten, dass die Fachkräfte Ihres Unternehmens Einladungen dazu erhalten, Fachvorträge auf Tagungen oder in Universitäten zu halten. Derartige Einladungen schmeicheln nicht nur dem Ego, sondern sie sind auch ein gutes Zeichen dafür, dass Sie in Sachen Online-Reputation schon Vieles richtig machen.

2.2 Tools zur Analyse des Ist-Zustandes

Aufmerksamen und engagierten Lesern stellt sich an dieser Stelle die Frage, wie Sie den Ist-Zustand konkret analysieren können. Wie kann man ein vages Gefühl in reale Werte übertragen? Dazu gibt es einige Möglichkeiten, die ich Ihnen im Folgenden gerne näherbringen möchte.

2.2.1 Google Alerts einrichten

Google stellt mit den „Alerts" ein kostenloses Tool zur Verfügung, mit dem Sie sich selbst kontrollieren und überwachen können. Zu einem von Ihnen definierten Thema werden Ihnen zum Beispiel einmal am Tag Mails mit einer Übersicht zu allen Seiten im Netz geschickt, auf denen über das definierte Stichwort etwas Neues geschrieben wurde. Einen solchen Alert können und sollten Sie zu Ihrem Firmennamen einrichten. Sobald öffentlich etwas über Sie geschrieben wird, erhalten Sie zeitnah eine Benachrichtigung und Sie können angemessen darauf reagieren.

2.2.2 Social Media Analyse

Mit hoher Wahrscheinlichkeit wird auch in den sozialen Netzwerken von Ihnen gesprochen. Das ist ein Risiko und gleichzeitig ein großer Vorteil, denn Sie haben die Gelegenheit, direkt und zeitnah darauf zu reagieren. Wie können Sie jetzt feststellen, was und wo über Sie gesprochen wird? Dafür stehen einerseits Tools zur Verfügung, auf die ich im folgenden Punkt eingehe. Sie können aber auch hier händisch prüfen, ob Ihr Firmenname irgendwo erwähnt wird. Dazu geben Sie am besten in die Suchfunktion bei Facebook Ihren Firmennamen ein oder entsprechende Hashtags bei Instagram & Co.

2.2.3 Tools zur Überwachung der Reputation

Im Internet geht niemals etwas verloren. Das, was einmal über Sie geschrieben wird, kann dauerhaft aufgerufen werden (es sei denn, Sie haben es mit großem Aufwand professionell entfernen lassen). Wenn Sie Ihr Analysemanagement professionalisieren lassen möchten, dann können Sie dafür spezielle Tools oder Software nutzen. Der Markt dafür ist so groß und die Anforderungen so individuell, dass es an dieser Stelle keinen Mehrwert bieten würde, eine Liste mit Tools zu erstellen. Es gibt Software in allen Preis- und Leistungsklassen. Meistens wird ein kostenloser Testzugang angeboten, über den Sie ausloten können, ob das jeweilige Tool die gewünschten Ansprüche erfüllen kann.

Ihr Transfer in die Praxis

- Bevor Sie mit dem Reputationsmanagement beginnen, sollten Sie einen Workflow zur Messung des Ist-Zustandes etablieren
- Definieren Sie dazu am besten spezielle Kennzahlen für Ihr Unternehmen
- Für die Analyse der Reputation können Sie Tools wie Google Alerts oder spezielle Software nutzen

---

Weiterführende Literatur

Mitarbeiterbefragung: Definition, Beispiele von Fragen, Fragebogen, Muster & Vorlage, Auswertung, Software, Tipps. https://www.questionpro.de/mitarbeiterbefragung-beispiel-fragen/. Zugegriffen: 26. Oktober 2021.

3

Reputationsmanagement

Was Sie in diesem Kapitel erfahren

- Welche Aufgaben das Reputationsmanagement umfasst
- Welchen Zusammenhang es zwischen Online-Reputation und Employer Branding gibt
- Welche Maßnahmen kleine und mittelständische Unternehmen ergreifen sollten, um ihre Online-Reputation im grünen Bereich zu halten

Aus den vorangegangenen Ausführungen haben Sie mitgenommen, welchen entscheidenden Erfolgs-, und Wettbewerbsfaktor das Employer Branding für Ihr Unternehmen hat. Außerdem ist klar geworden, wie wichtig es ist, die Kontrolle über Ihre Reputation zu behalten, denn aktiv steuern ist besser als im Krisenfall nur noch reagieren zu können. Um negativen Meinungen vorzubeugen, eine positive Reputation zu schaffen und Ihr Firmenimage immer im Blick zu behalten, ist das Reputationsmanagement von entscheidender Bedeutung.

© Der/die Autor(en), exklusiv lizenziert an Springer Fachmedien Wiesbaden GmbH, ein Teil von Springer Nature 2022
S. Petrov, *Quick Guide Online-Reputation für KMU,* Quick Guide,
https://doi.org/10.1007/978-3-658-37415-0_3

3.1   Was ist Reputationsmanagement?

Früher galt das Reputationsmanagement als Teil der Pressearbeit. Mittlerweile ist es durch die zunehmende Digitalisierung und die damit verbundene Komplexität zu einer eigenständigen Disziplin geworden. Im Reputationsmanagement haben Sie drei große Aufgabenfelder, die Sie gleichermaßen bedienen sollten.

Erstens steht die passive Analyse der Reputation über Ihr Unternehmen an, die ich im vorausgehenden Kapitel bereits ausführlich dargestellt habe. Zum anderen geht es um das aktive Steuern dieser Reputation, die dieses Kapitel behandelt. Drittens steht die eher undankbare Aufgabe an, im Falle eines Angriffes auf Ihr Image entsprechend zu reagieren. Krisenmanagement wird das Thema im nächsten Kapitel sein.

Bei der Darstellung der Möglichkeiten, wie Sie Ihre Reputation aktiv beeinflussen können, möchte ich gerne zwischen internen und externen Maßnahmen unterscheiden. Die internen Maßnahmen beziehen sich auf das, was Sie tun können, um Ihr Unternehmen von innen heraus zu stärken und die Meinung und Verbundenheit der Mitarbeiter proaktiv zu steuern. Externe Maßnahmen schließen sich in dieser Aufzählung erst daran an, denn nur, wenn ich im Inneren des Unternehmens für ein gutes Klima gesorgt habe, kann dies auch nach außen strahlen. Zudem möchte ich an dieser Stelle auf den Zusammenhang zwischen dem Reputationsmanagement und dem Thema Employer Branding eingehen.

3.2   Reputationsmanagement und Employer Branding

Die beiden Themen Reputationsmanagement und Employer Branding hängen sehr eng miteinander zusammen. Dazu möchte ich Sie zu einem kleinen, kompakten Exkurs mitnehmen, was Employer Branding meint, und warum es so wichtig für Unternehmen und die Online-Reputation für kleine und mittelständische Firmen ist.

Beim Employer Branding geht es darum, sich auf dem Markt als wertschätzenden und guten Arbeitgeber zu positionieren, um einerseits bestehende Mitarbeiter zu halten, aber um auch auf der anderen Seite im War of Talents gute Mitarbeiter für sich zu gewinnen. Der richtige Gedanke dahinter: Das Humankapital gehört in Unternehmen jeder Größe zu den wichtigsten Erfolgsfaktoren. Ist es in einer Branche schwer, gute Mitarbeiter zu gewinnen, müssen Argumente geschaffen werden, sich in diesem und nicht im Unternehmen der Konkurrenz zu bewerben. Employer Branding ist damit die Antwort auf die Frage, wie Sie für Ihr Unternehmen Fach- und Führungskräfte gewinnen können. Dabei darf Employer Branding auf keinen Fall mit dem Personalmarketing verwechselt werden. Während das Personalmarketing ausschließlich darauf zielt, neue Mitarbeiter zu gewinnen oder sich ein funktionierendes Bewerbermanagement aufzubauen, bezeichnet das Employer Branding die strategische Ausrichtung des Unternehmens. Es geht nicht in erster Linie darum, neue Mitarbeiter zu gewinnen, sondern um die Stärkung der Arbeitgebermarke und um den Aufbau eines authentischen Images. Employer Branding sichert die Zukunftsfähigkeit eines Unternehmens, indem ein positives Image der Arbeitgebermarke aufgebaut wird, das potenzielle Bewerber davon überzeugt, sich bei Ihrem Unternehmen vorzustellen.

Die Online-Reputation ist diesem Thema übergeordnet und zeigt entsprechende Wechselwirkungen mit dem Employer Branding. Ein Unternehmen mit einer sehr schlechten Reputation wird es nur schwerlich schaffen, Mitarbeiter davon zu überzeugen, ein guter Arbeitgeber zu sein. Andersherum legt Ihnen eine sehr gute Reputation auch die besten Karten in die Hand, sich auch als Arbeitgeber positiv darstellen zu können. Reputation wird zur Wertschöpfungsquelle im Employer Branding. Es entfalten sich zahlreiche Wirkungsmechanismen, die ich an dieser Stelle nur ganz grob anreißen kann, um Ihnen einen Eindruck von der Relevanz des Themas zu verschaffen.

Gute Mitarbeiter leisten gute Arbeit
Wenn Sie sich als kleiner oder mittelständischer Arbeitgeber gut auf dem Markt positioniert haben, dann bekommen Sie im Ergebnis qualifizierte, motivierte Mitarbeiter für Ihr Unternehmen. Gute Mitarbeiter leisten gute Arbeit, was natürlich auch Kunden spüren. Zufriedene Kunden hinterlassen positive Bewertungen in entsprechenden Portalen und berichten positiv in Blogs, Foren oder Videos über die Firma.

Zufriedene Mitarbeiter prägen ein positives Image

Ein anderer Effekt entsteht dadurch, dass das Employer Branding auch und vor allem nach innen wirkt und zufriedene Mitarbeiter schaffen soll. Mitarbeiter sind oftmals Influencer. Sie berichten in ihren sozialen Netzwerken über ihren Arbeitgeber, erzählen im Freundeskreis von ihrer Arbeit und hinterlassen damit automatisch einen positiven oder negativen Eindruck. Durch die Möglichkeit, Arbeitgeber in speziellen Foren zu bewerten, werden diese Meinungen auch einer breiten Öffentlichkeit zugänglich. So wie die Reputation einer Führungskraft auch Einfluss auf die gesamte Reputation des Unternehmens hat, wirkt sich die Wahrnehmung einer Firma als Arbeitgeber auf das gesamte Image aus. Ein markantes Beispiel ist der Fall eines Burger King Restaurants in Nebraska. Auch wenn es lokal gesehen weiter weg ist, so dient die Geschichte doch als Veranschaulichung dafür, wie es kommen kann. Ohne vorherige Ankündigung kündigte die gesamte Belegschaft des Restaurants von heute auf morgen ihren Job. Hungrige Kunden sahen bei der Ankunft auf der Leuchttafel die Botschaft: „We all quit. Sorry for the inconvenience." Burger King hatte damit gleich zwei Probleme: Zum einen musste die Filiale auf Schlag neun neue Mitarbeiter einstellen. Zum anderen verbreitete sich das Bild der Reklametafel rasant auf Facebook, sodass ein erheblicher Image-Schaden entstanden ist. Nun hat Burger King einen gewaltigen Apparat hinter sich, der sich um solche Arten von Imageschäden kümmern kann. Noch schwerwiegender sind derartige Vorkommnisse, wenn sie in kleinen und mittelständischen Unternehmen vorkommen. Daher sollten Sie nach Möglichkeit alles daransetzen, es gar nicht so weit kommen zu lassen. Die beste Medizin dagegen ist ein professionelles Employer Branding.

Employer Branding hat in dieser Hinsicht nicht nur einen Einfluss auf das Reputationsmanagement, sondern auch umgekehrt fördert eine positive Wahrnehmung einer Marke in der Öffentlichkeit die Motivation, für dieses Unternehmen zu arbeiten.

Firmen sollten wissen, wofür sie stehen

Ein weiterer Aspekt ist der, dass Unternehmen – noch bevor sie sich an das Thema der Online-Reputation wagen – wissen sollten, wer sie sind und wofür sie stehen. Das herauszufinden ist Aufgabe des Employer-Branding-Prozesses. Kunden spüren sofort, wenn ein Unternehmen keine Corporate Identity hat, wenn es nicht einheitlich kommuniziert oder sogar Diskrepanzen zwischen verschiedenen Kommunikationskanälen gibt. Hat ein Unternehmen wiederum eine Identität, dann gelingt es auch, eine emotionale Bindung mit Kunden aufzubauen.

Kunden sind bereit, mehr zu zahlen
Für Produkte, mit deren Herstellern sich Kunden identifizieren können, sind diese automatisch bereit, mehr Geld auszugeben. Identifikation entsteht – wie bereits erwähnt – aber erst dadurch, dass sich Unternehmen intensiv mit sich selbst und ihrer Identität auseinandersetzen und dies geschieht während des Employer-Branding-Prozesses ganz automatisch. Fazit: Employer Branding und Reputationsmanagement können zum geldwerten Vorteil werden. Wenn Sie das positive Image haben, gut mit ihren Mitarbeitern umzugehen und auch entlang der kompletten Wertschöpfungskette soziale Verantwortung zu übernehmen, dann sind Kunden im Umkehrschluss auch dazu bereit, für gute Leistungen entsprechend zu bezahlen. Zudem entsteht durch gutes Employer Branding Authentizität, was wiederum ein nicht zu unterschätzendes Argument ist, die Produkte eines Unternehmens zu kaufen oder seine Dienstleistungen in Anspruch zu nehmen, Stichwort Vertrauen.

Employer Reputation
Seit einiger Zeit ist der Begriff der „Employer Reputation" als Weiterentwicklung des Employer Branding in aller Munde. Während das Employer Branding oft noch viel zu sehr werblich gedacht wird und mit dem Blick darauf betrieben wird, welcher geldwerte Vorteil sich daraus ergeben kann, geht die Employer Reputation in die Tiefe. Sie ist organisch gewachsen und damit sehr authentisch. Es gibt keine scharfe Abgrenzung der beiden Begriffe. Vielmehr sollte die Employer Reputation als eine noch klarere Bezeichnung dessen angesehen werden, was erreicht werden soll. Während viele Unternehmen Employer Branding noch immer mit Ungeduld und scharfem Blick auf den ROI betrachten, bezeichnet die Employer Reputation genau das, was erreicht werden soll: Der organische Aufbau einer Marke mit positiver Reputation, die sowohl nach

innen als auch nach außen wirkt und damit auch die besten Voraussetzungen für eine positive Online-Reputation schafft. Employer Branding oder besser Employer Reputation soll nicht als etwas künstlich Erzeugtes angesehen werden, sondern als Initialzündung dafür, grundlegend eine glaubwürdige und authentische Identität aufzubauen. Dabei sollten Firmen vor allem darauf achten, dass ein übergeordneter Sinn entsteht. Achtet ein Hersteller zum Beispiel sehr streng auf Nachhaltigkeit und Umweltschutz, dann sollte er keine viermal in Plastik gehüllten Produkte verkaufen.

Man könnte den Unterschied oder das Ziel von der Employer Reputation am besten so beschreiben: Sagen Sie Ihren Mitarbeitern nicht, dass sie positiv über Ihr Unternehmen sprechen sollen, sondern sorgen Sie dafür, dass sie es von sich aus tun.

An dieser Stelle sollten Sie einen Eindruck davon bekommen haben, dass ein Online-Reputationsmanagement ohne den Blick aufs Employer Branding schlichtweg nicht möglich ist. Sowohl Employer Branding/Employer Reputation als auch die Online-Reputation müssen als fortlaufende Prozesse verstanden werden, die niemals abgeschlossen sind. Kleine und mittelständische Unternehmen haben sowohl die große Aufgabe, an dem Aufbau und der Weiterentwicklung ihrer Marke zu arbeiten, als auch ihre Reputation im World Wide Web im Blick zu behalten. Ist der Prozess aber einmal etabliert, dann kann auch der Verantwortliche mit dem Taschenrechner in der Hand zufriedengestellt werden. Zudem sollten Sie immer im Hinterkopf haben, dass das Employer Branding flexibel bleiben muss, um auf Veränderungen und Entwicklungen des Unternehmens zu reagieren. So kann eine feste und sichere Basis für Ihre Online-Reputation geschaffen werden.

3.3   Internes Reputationsmanagement

Die Qualität Ihrer Leistungen und Produkte hat natürlich mit den entscheidenden Einfluss auf Ihre Online-Reputation. Sie können noch so viel intervenieren – wenn Ihre Leistungen nicht gut sind oder Sie aus Kritik nicht für Ihre Weiterentwicklung lernen, dann verlaufen alle Maßnahmen im Sande. Persönliche Rückmeldungen von Kunden, Bewertungen in den sozialen Netzwerken oder auf einschlägigen Portalen weisen Sie auf Probleme hin, die Sie ernst nehmen sollten.

Als Hilfestellung für die effektive Verwertung der Feedbacks können Sie sich auch – sofern noch nicht vorhanden – nach einer leistungsstarken ORM-Plattform umsehen. Diese ist in der Lage, die Daten einfach zusammenzutragen und sie mithilfe der hinterlegten Parameter zu analysieren.

Es macht darüber hinaus gerade in kleinen und mittelständischen Unternehmen Sinn, Verantwortliche zu benennen, die sich um diesen Prozess kümmern. Nicht in jedem Unternehmen kann eine eigene Stelle für das Reputationsmanagement geschaffen werden. In diesem Fall sollten Sie ausgewählte Mitarbeiter entsprechend schulen oder die Aufgabe an eine spezialisierte Agentur übertragen.

Mitarbeiter zu Markenbotschaftern ernennen

Der Begriff „Influencer" ist zu einem Buzzword geworden, das überwiegend negativ besetzt ist. Ein Influencer wird mit einer extrovertierten Person in Verbindung gebracht, die gleichzeitig Werbung für veganes Essen und Eier aus Massentierhaltung macht.

Im Unternehmen können Sie den Trend „Influencer" aber mit Mehrwert für sich nutzen, indem Sie Ihre eigenen Influencer ausbilden, die einen authentischen Einblick in ihre Arbeit geben und so nach außen ein gutes Betriebsklima, eine innovative Unternehmenskultur und eine intensive Kundenbindung kommunizieren. Man unterscheidet in diesem Bereich zwischen offiziellen und inoffiziellen Influencern. Die inoffiziellen Influencer sind diejenigen, die im Social Web einfach ungefragt etwas über ihr Unternehmen erzählen oder Beiträge des Unternehmens positiv oder negativ kommentieren. Offizielle Influencer wählen Sie dagegen selbst aus, indem Sie realen Mitarbeitern ein Gesicht geben und Ihnen den offiziellen Auftrag erteilen, etwas über das Unternehmen zu berichten. Wichtig sind hier Vertrauen und klare Regeln. Auch wenn der Blick auf den Schreibtisch authentisch sein soll, darf hier nicht noch Herr Müller liegen, der es nach der letzten Betriebsparty nicht mehr nach Hause geschafft hat.

Die Mitarbeiter, die als Markenbotschafter infrage kommen, müssen gut ausgewählt sein. Es sollte nach Möglichkeit – angepasst an die Unternehmensgröße – eine Mischung aus ganz unterschiedlichen Mitarbeitern sein – von jung bis reif, vom Pförtner bis zum Führungsmitglied. Wichtig ist, den Mitarbeitern Vertrauen entgegenzubringen und sie selbst schreiben zu lassen. Niemand möchte sich gern vor den Karren spannen lassen und mit dem eigenen Gesicht nur das posten, was die Marketingabteilung entwickelt hat. Legen Sie klare Kommunikationsregeln fest, was als Vertreter der Firma gepostet werden darf und dass Interna auch intern bleiben. Vor allem große Unternehmen haben den Mehrwert von Corporate-Influencer-Programmen für ihr Unternehmen entdeckt. Dazu gehören die Telekom, Otto, Datev, Daimler und Microsoft. Aber auch kleine und mittelständische Unternehmen können durch diese Programme Ihre Online-Reputation merklich steigern.

Besondere Programme

Um sich einen guten Namen zu machen, können Sie besondere Programme ins Leben rufen, die Aufmerksamkeit wecken und ein positives Image schaffen. Zwei Beispiele, damit das klarer wird: Eine mittlerweile in vielen Branchen genutzte Kampagne sind „Alt gegen Neu"-Aktionen. Kunden bringen gebrauchte Schuhe oder ein gebrauchtes Auto zurück und erhalten dafür Vorteile beim Neukauf von Waren. Mit solchen Aktionen sind noch weitreichendere Vorteile verbunden, als Umsätze zu generieren. Sie schaffen sich zum Beispiel ein grünes Image, sodass Kunden Ihr Unternehmen als besonders umweltfreundlich wahrnehmen. Insbesondere bei der Rücknahme von Elektrogeräten können Sie daraus noch wertvolle Rohstoffe gewinnen, die weiterverarbeitet werden können. Außerdem steigern „Alt gegen Neu"-Programme die Markenbekanntheit und fördern die Loyalität.

Ein weiteres Beispiel ist das lebenslange Rückgaberecht, mit dem IKEA zwischen 2014 und 2016 wirkungsvoll geworben hat. Kunden konnten ihre Waren zeitlebens wieder zurückbringen und dafür den vollen Preis erhalten. Mittlerweile wurde dieses lebenslange Rückgaberecht auf 365 Tage verkürzt, was aber immer noch der Inbegriff des Kundenservices ist.

3.4   Externes Reputationsmanagement

Es gibt eine ganze Reihe an Möglichkeiten, mit denen Sie Ihre Online-Reputation aufbauen und aktiv steuern können. Die Reihenfolge der Darstellung liefert an dieser Stelle keine Hinweise auf die Relevanz dieser Maßnahmen und sind mehr oder weniger willkürlich. Wichtig ist, dass Sie die Faktoren kennen und individuell für sich abwägen, welche Maßnahmen für Ihr Unternehmen sinnvoll sind.

Interaktion mit den Kunden

Sie bieten eine Dienstleistung oder ein Produkt an, der Kunde kauft, bezahlt und dann ist die Kundenbeziehung oftmals für beide Seiten beendet. Schade, denn erst nach dem Anschluss eines Geschäftes ergibt sich die Chance, positives Feedback für den Aufbau des unternehmerischen Images zu nutzen oder aus negativer Rückmeldung zu lernen. Bewertungen haben demnach so oder so ihren Nutzen. Sie können natürlich nach dem Abschluss des Geschäftes darauf warten, dass Ihre Kunden von selbst auf die Idee kommen, Ihnen eine Rückmeldung geben. Sie haben aber auch die Möglichkeit, Bewertungen aktiv anzufordern, indem Sie nach ein paar Tagen noch einmal eine Mail schreiben und um eine Bewertung bitten. Hier kommt es ganz entscheidend auf den Text an. Dieser sollte in etwa so formuliert sein: „Hat Ihnen unser Service gefallen? Dann freuen wir uns auf Ihre Bewertung im Portal XY (Anm. das Portal, das die größte Relevanz für Ihre Branche hat wie HolidayCheck für die Hotellerie.). Haben Sie sich über etwas geärgert? Dann bitten wir Sie, sich an unseren Ansprechpartner Herrn Müller unter name@emailadresse.de zu wenden, damit wir uns zeitnah um Ihr Anliegen kümmern können." Mit einer solchen Formulierung schlagen Sie zwei Fliegen mit einer Klappe. Sie motivieren zufriedene Kunden, eine gute Bewertung zu verfassen und können unter Umständen verhindern, dass unzufriedene Kunden ihren Ärger öffentlich machen. In jedem Fall ist die persönliche Interaktion mit Kunden auch nach dem Geschäftsabschluss wichtig, denn dies steigert nicht nur die Anzahl Ihrer Bewertungen, sondern zeigt Ihr Interesse an der Meinung Ihrer Kunden und ist ganz allgemein ein gelungener Abschluss.

Eine Interaktion mit Kunden herzustellen bedeutet auch, Interaktions-
möglichkeiten zu schaffen. Verstecken Sie Ihre Kontaktadresse nicht in
einer verschachtelten Seitenstruktur, sondern machen Sie es Kunden so
leicht wie möglich, in Kontakt mit Ihnen zu kommen. Ideal sind Chat-
formulare, aber auch gut besetzte Servicenummern oder eine klassische
kundenservice@-Mailadresse.

Aktive Interaktion mit der Social Media Community

Auch Ihr Unternehmen steht unter dem Einfluss sozialer Medien. Wenn
Sie in der Suchfunktion den #Unternehmensnamen eingeben, dann
werden mit hoher Wahrscheinlichkeit Einträge erscheinen, die entweder
von Mitarbeitern, von Kunden oder von der Presse verfasst wurden. Die
Einträge können dabei in alle Richtungen gehen, wohlwollend und wer-
bend formuliert sein oder auch einen sehr negativen Blick auf Ihr Unternehmen werfen. Jetzt ist es wichtig, mit der Community zu interagieren,
sowohl auf positive als auch auf negative Meinungen zu reagieren und
im Gespräch zu bleiben. Sie schaffen damit den positiven Eindruck,
dass Sie Ihre Kunden ernst nehmen. Außerdem ziehen Sie aus dieser
Interaktion wichtige Erkenntnisse, die Sie für Ihr Qualitätsmanagement
verwenden können. da das Thema „Social Media" Im Bereich des
Online-Reputationsmanagements für kleine und mittelständische Unternehmen immer wichtiger wird, gibt es in diesem Buch noch ein ein
eigenes Kapitel dazu.

Kundenerlebnisse verbessern

Es gibt dieses alte, aber stetig aktuelle Sprichwort, dass es für den ersten
Eindruck keine zweite Chance gibt. Landet ein Neukunde auf einer vollkommen veralteten Webseite, die Minuten braucht, um zu laden und
nach Eingabe aller Kundendaten plötzlich abstürzt, erzeugt das Frust.
Ein Kundenerlebnis sollte immer positiv sein, unabhängig davon, ob es
digital oder persönlich stattfindet. Der Begriff „Kundenerlebnis" umfasst
die Summe aller Kontakte, die der Kunde während seiner Customer
Journey mit dem Unternehmen hat. Im Idealfall verläuft die Customer
Experience nahtlos zwischen den einzelnen Touchpoints. Das ist allerdings kein Selbstläufer, sondern erfordert entsprechend harte Arbeit.

Positive Kundenerlebnisse müssen Teil der unternehmerischen DNA werden. Es ist wichtig, alle Kontaktpunkte mit Ihrer Firma aus den Augen der Kunden/Käufer zu sehen. Was erlebt ein potenzieller Kunde, wenn er zum ersten Mal auf die Seite kommt? Was passiert, wenn er anruft, den Chat kontaktiert oder persönlich vorbeikommt? Die Erfassung der Kundenkultur kann heute datenbasiert stattfinden. Informationen wie Abbruchraten können wichtige Hinweise darüber liefern, an welcher Stelle Kundenerlebnisse verbessert werden müssen.

Unternehmen mit einer kundenorientierten Unternehmenskultur schaffen beste Voraussetzungen für ein langfristiges Wachstum und eine positive Reputation. Kundenorientierung kann zu einem Markenzeichen Ihres Unternehmens werden. Ein Paradebeispiel ist hier das schwedische Möbelhaus mit den vier Buchstaben.

Beispiel IKEA

In Verbraucherumfragen bekommt IKEA immer wieder Bestnoten für seinen Kundenservice. Wer Hilfe braucht, bekommt sie. Auch das 365-Tage-Rückgaberecht für Artikel aus dem Sortiment und die schlanken Rückgabeprozesse tragen zum Wohlwollen der Kunden bei. Bei fehlenden Schrauben gibt es einen Extra Ersatzteilservice und für Matratzen gibt es ein 365-Nächte-Testschlafen. Die Reihe der Serviceangebote ließe sich beliebig fortführen. In der Konsequenz hat dies alles dazu geführt, dass das Unternehmen eine hervorragende Reputation erreicht hat, weil es beweist, dass die Versprechen nicht nur gemacht, sondern auch eingehalten werden.

Kundenerlebnisse verbessern Sie auch, indem Sie Inhalte personalisieren. Kommen 90 % der Besucher auf Ihrer Webseite aus Hamburg? Dann begrüßen Sie sie am besten mit einem maritimen „Moin!". Das Ziel ist es immer, mit kleinen Ideen Großes zu bewirken und eine Nähe zum Kunden herzustellen, obwohl noch gar kein Erstkontakt stattgefunden hat.

Treueprämien für Kunden schaffen

Viele Unternehmen machen den Fehler, dass sie sehr viele Ressourcen in die Neukundengewinnung stecken und dabei die Stammkunden vergessen. Es werden Abschlussprämien ausgelobt und Boni überwiesen, wenn ein neuer Kunde einen Vertrag abschließt. Bestehende Kunden fühlen sich in Anbetracht solcher Umwerbungen oftmals nicht genügend wertgeschätzt. Nehmen Sie die Anerkennung wiederkehrender Kunden unbedingt ernst. Das Kreuzfahrtunternehmen AIDA stuft Kunden zum Beispiel in Mitgliedsstufen ein. Wer öfter fährt, genießt mehr Vorteile. Auch Rabatte für Umsatzstufen können ein wirkungsvolles Instrument sein. Steigern Sie Ihre Reputation bei bestehenden Kunden, indem Sie Wertschätzung für ihre Treue zeigen.

Online-Einträge aktuell halten
In der Regel sind Unternehmen in einer überschaubaren Anzahl von Brancheneinträgen mit ihren Kontaktdaten vertreten. Wichtig ist, diese Angaben immer aktuell zu halten, denn fehlerhafte Einträge schaden der Glaubwürdigkeit und können sogar ein echtes Ärgernis sein. Stellen Sie sich vor, der Kunde steht vor verschlossener Tür, weil die Öffnungszeiten bei Google Business nicht aktualisiert worden sind. Ich empfehle meinen Kunden, einen Workflow für die regelmäßige Überprüfung der Brancheneinträge zu etablieren, damit sich keine fehlerhaften Einträge verbreiten können.

Support verbessern
Ein guter Kundensupport ist grundlegend für eine gute Reputation. Wenn Sie Ihren Kunden glaubhaft das Gefühl geben, sich um ihre (produkt- oder leistungsspezifischen Probleme) zu kümmern, dann ist die Hemmschwelle für neue Käufe oder Vertragsabschlüsse gleich viel niedriger. Zudem ist der Kundenservice auch immer wieder Thema in den Bewertungen. Wenn Sie diesbezüglich lobend erwähnt werden, klettern Sie gleich ein paar Reputationspunkte nach oben.

3.5 Reputationsmanagement im Social Media

Das Thema Reputationsmanagement ist in unserer heutigen Zeit nahezu untrennbar mit dem Thema Social Media verbunden. Denn: Unabhängig davon, wie Sie selbst zu Facebook & Co. stehen, findet hier eine aktive

Meinungsbildung über Ihr Unternehmen statt und das auch noch in einem rasanten Tempo. Kommentare, Erfahrungsberichte und Bewertungen haben in den sozialen Netzwerken eine erhebliche Reichweite, die Potenziale, aber auch Gefahren birgt. Insbesondere extreme Inhalte – zum Beispiel ein Erfahrungsbericht über ein unterirdisches Betriebsklima in ihrem Unternehmen oder bei einem ehemaligen Arbeitgeber gehen schnell viral.

Ein Beispiel
Auf Twitter tauchte 2019 ein User-Foto auf, das den Innenraum eines der Flugzeuge von easyJet zeigte, auf der eine Frau einen Sitz ohne Lehne bekam. Dies verstößt nicht nur gegen alle Regeln der Bequemlichkeit, sondern dürfte auch ein erhebliches Sicherheitsrisiko darstellen. Das dürfte nicht gerade das Vertrauen von Passagieren in das Flugunternehmen stärken. Auch die Reaktion von easyJet war am Ende wenig vorteilhaft. Zunächst wurde der User gebeten, das Video zu löschen. Als er der Bitte nicht nachkam, brach zumindest die öffentliche Kommunikation ab. In jedem Fall dürfte dadurch ein merklicher Imageschaden entstanden sein.

Das Beispiel zeigt, wie wichtig es ist, die eigene Reputation immer im Blick zu haben und vor allem in den sozialen Netzwerken ein aktives Reputationsmanagement zu betreiben. Auch wenn Sie selbst nicht über sich sprechen, tun es garantiert andere.

3.5.1 Social Media Monitoring

Wissen, was über Sie gesprochen wird und ein tiefgreifendes Verständnis für die eigene Zielgruppe entwickeln: Das sind die Ziele des Social Media Monitorings. Das Social Media Monitoring bezieht sich auf Plattformen wie Facebook, Twitter und Instagram sowie auf Blogs, Newseinträge und Kommentare. Es stellt eine Vogelperspektive auf alles her, was irgendwo über Ihr Unternehmen gesagt wird. Verstehen Sie das Monitoring am besten als eine Art Frühwarnsystem, um schlechte Stimmungen sofort zu erkennen und entsprechend reagieren zu können. Sollte es – was niemand hofft – zu einem Shitstorm kommen, können Sie schon die ersten

Wehen wahrnehmen, wissen, wo er herkommt und durch welche Mechanismen er sich verbreiten konnte. Zudem erfahren Sie durch den nutzergenerierten Content sehr viel über Ihre Zielgruppe, die Ihnen einen Spiegel hinhält, in den Sie genau hineinsehen sollten.

Beim Social Media Monitoring sollten Sie nicht nur sich selbst, sondern auch Ihre Mitbewerber auf dem Schirm haben. Was sagen potenzielle Kunden über Mitbewerber? Was wird bei der Konkurrenz gelobt, was kritisiert? Auch aus diesen Informationen können Sie wertvolle Inhalte für Ihr eigenes Reputationsmanagement ziehen. Im Vergleich mit den Mitbewerbern werden oftmals auch eigene Schwächen aufgedeckt, die sich gezielt verbessern lassen. Die Vorteile des Social Media Monitorings sind an dieser Stelle klar geworden. Sie identifizieren die Meinungsmacher, können Shitstorms schon in den Anfängen erkennen und durch die authentischen Feedbacks Ihren Kundenservice verbessern.

Ein Social Media Monitoring können Sie auf ganz verschiedene Weise etablieren. Eine einfache Methode ist es, Alerts zu Ihrem Firmennamen einzugeben. Immer dann, wenn dieser an irgendeiner Stelle im Internet auftaucht, bekommen Sie eine Benachrichtigung. Hier zeigt sich auch der große Vorteil kleiner und mittelständischer Unternehmen im Reputationsmanagement. Denn wenn zum Beispiel Konzerne wie Apple sich einen solchen Alert einstellen würden, dürfte dies für den Mitarbeiter, bei dem die Alerts zusammenlaufen, Nachtschichten bedeuten.

Alternativ oder ergänzend zu den Alerts können Sie auch spezielle Tools nutzen, die Ihre Reputation im Social Web immer im Blick behalten. Diese Tools sind mittlerweile bereits sehr weit entwickelt und verschaffen Ihnen auf einen Blick eine hilfreiche Übersicht darüber, wie es um Ihre Reputation im Web aktuell bestellt ist. Auch das Verhältnis der positiven und negativen Beiträge zueinander wird in ein Verhältnis gesetzt, sodass Sie für Ihr Social Media Monitoring klare Zahlen bekommen.

Kennzahlen im Social Media Monitoring

Kennzahlen für eine Stimmung innerhalb der Community zu erheben, ist schon eine Herausforderung. Anders als bei vielen anderen Disziplinen im Online-Bereich ist die Definition von Kennzahlen im Bereich Social Media Monitoring diffiziler. Trotzdem ist es möglich, anhand von

Werten ein Stimmungsbild zu bekommen. Kennzahlen können zum Beispiel sein:

- Anzahl der Reaktionen (positiv und negativ)
- Anzahl der Follower
- Reichweite der Beiträge
- Views
- Anzahl der Aktionen (z. B. Käufe nach einem Posting)
- Post Topic Mix (Anteil der Reaktionen pro Thema)
- Erwähnungen in anderen Beiträgen
- Klicks auf einen geteilten Link
- ROI (Verhältnis vom Aufwand zum Nutzen)

Es gibt noch eine ganze Reihe weiterer Kennzahlen, die abhängig vom Unternehmen individuell definiert werden müssen. Wichtig für Zahlenmenschen: Wenn Sie Budget in Social Media für Ihr Reputationsmanagement investieren, brauchen Sie in Fragen des Erfolges nicht auf Ihr Bauchgefühl zu hören. Es gibt klare Messwerte, anhand derer Sie feststellen können, ob sich Ihr Engagement auch positiv auf Ihre Reputation auswirkt.

3.5.2 Einsatz von Social Media im Reputationsmanagement bei KMU

Ich höre in meiner Arbeit mit Unternehmen sehr oft das Argument, dass Social Media doch nur etwas für die ganz Großen sei und kleinere und mittelständische Unternehmen in Anbetracht wesentlich geringerer Ressourcen doch keine Chance hätten. Reputationsmanagement im Social Web ist nicht David gegen Goliath. Ganz im Gegenteil haben auch hier kleinere Unternehmen gegenüber den Konzernen klare Vorteile. Große Firmen müssen mit einem wesentlich größeren Datenschwall jonglieren. Zurück zum Beispiel Apple. Allein die Eingabe des Hashtags „#Apple" bei Facebook bringt das Ergebnis, dass 1,2 Millionen Menschen etwas gepostet haben. Wer will sich das alles durchlesen? Es erfordert also für große

Unternehmen wesentlich komplexere Strukturen, um die Einträge und Ergebnisse so auszuwerten, dass ein sinnvolles Datenmaterial entsteht. Handelt es sich aber um 50 Einträge, dann ist es schon zu bewältigen, diese im Einzelnen durchzugehen. Fazit: Es gibt eine Reihe an Möglichkeiten, Social Media im Bereich des Online-Reputationsmanagements einzusetzen.

Nähe zu Kunden herstellen

Kleine und mittelständische Unternehmen können innerhalb ihrer Nische sehr schnell mit Kunden in Kontakt treten. Das Publikum ist kleiner und überschaubarer als das von großen Firmen und Sie haben die große Chance, ein Gemeinschaftsgefühl zu schaffen. Außerdem bekommt die Marketing-Abteilung wertvollen Input über die Zusammensetzung, das Alter und die Interessen der Zielgruppe.

Einheitlicher Auftritt

Während in großen Konzernen die Social Media Auftritte meistens von großen Teams verwaltet werden, kümmert sich in kleineren und mittelständischen Unternehmen eine handverlesene Anzahl an Mitarbeitern um dieses Thema. Kleine, zentrale Teams können oftmals viel konsistenter auftreten als 20-köpfige Mannschaften, die dezentral arbeiten und über den Kontinent verteilt sind. Je größer das Unternehmen, desto größer ist auch die Herausforderung, die Online-Reputation zu verwalten.

Reaktionen zeigen

Für Ihre Reputation im Social Web ist es von enormer Bedeutung, dass Kommentare von Nutzern nicht einfach so verpuffen. Sie sollten eine Strategie entwickeln, mit der Sie zeitnah (!) auf positive und negative Kommentare reagieren. Letzteres ist entscheidend. Auch für nette Meinungsäußerungen sollten Sie sich Zeit nehmen und sich dafür bedanken. Das ist nicht nur wertschätzend, sondern Sie bestärken damit auch andere Nutzer, ebenfalls etwas Nettes zu schreiben. Kleine und mittelständische Firmen haben viel eher die Möglichkeit, auf jeden Kommentar zu reagieren.

Zusammengehörigkeit schaffen
Social Media schafft die Möglichkeit, sich regional aber auch themen-
bezogen zu vernetzen. Beliefern Sie mit einem Brötchenservice eine re-
gionale Sportmannschaft? Dann schafft dies die einmalige Gelegenheit,
sich über die sozialen Netzwerke gegenseitig anzufeuern und auch die
Community untereinander zu vernetzen. Vielleicht erreicht ein Empfeh-
lungs-Posting des Sportvereins auch einen Follower, der ebenfalls von
Ihrem Brötchenservice begeistert ist und ein Foto der letzten Vereins-
feier – mit Ihren liebevoll geschmierten Brötchen einstellt. Dazu ab-
schließend: Es lohnt sich, in Social Media über den Tellerrand zu schauen
und nicht nur zu reagieren, sondern auch selbst aktiv zu werden.

Gutes Tun
Beobachtet man das Engagement erfolgreicher Firmen im Social Web,
dann fällt sehr schnell auf, dass viele davon nach dem Motto agieren: Tu
Gutes und man spricht davon. Kleine Aktionen – zum Beispiel im Bereich des Ehrenamtes – sind nahezu ein Garant dafür, dass die Presse
einen wohlwollenden Artikel schreibt und auch die Menschen in den
sozialen Netzwerken gut über Sie sprechen.

3.6 Cybersicherheit schaffen

Im Kapitel über die Reputationsfallen habe ich am Beispiel PayPal ge-
zeigt, wie schnell sich Sicherheitslücken negativ auf die eigene Repu-
tation auswirken können. Mangelnde Cybersicherheit gefährdet das
Vertrauen der Kunden in die Marke und in Ihr Unternehmen. Das
Unternehmen Mimecast gibt regelmäßig einen Trust Report[1] heraus, in
dem über 9000 Erwachsene aus den Benelux-Ländern, den nordischen
Ländern, Großbritannien, Deutschland und weiteren Ländern zum
Thema Cybersicherheit befragt wurden. Das dem Report vorangestellte
Zitat fasst die Ergebnisse des Reports sehr gut zusammen: „It takes years

---

[1] Mimecast: Brand Trust. One cyberattack is enough to lose consumer trust and custom. https://
www.mimecast.com/globalassets/documents/reports/brand-trust-report.pdf. Zugegriffen: 05. November 2021.

to build a brand. A cyberattack that exposes customer data or even simply paints the company in a negative light can cause catastrophic loss of trust in an instant." Es braucht Jahre, um eine gute Marke aufzubauen, aber ein einziger Cyberangriff, bei dem Kundendaten gestohlen oder das Image des Unternehmens beschädigt wird reicht aus, um einen katastrophalen Vertrauensverlust herbeizuführen.

Verbraucher haben heute mehr denn je die Wahl, wo sie ihr Geld ausgeben wollen. Umso fataler ist es, wenn Ihr Unternehmen einen Vertrauensverlust erleidet, weil Hacker in Ihrem Namen SPAMs versenden oder Kundendaten gestohlen und für ihre Zwecke missbraucht haben.

Die Häufigkeit krimineller Angriffe aus dem Internet steigt kontinuierlich. In der Umfrage gaben 79 % der Befragten an, regelmäßig Betrugsnachrichten per Mail zu erhalten, 54 % davon haben schon mal eine Phishing Mail geöffnet, 58 % sind über die Suchmaschinen schon mal auf einer betrügerischen Webseite gelandet und 56 % sind über die sozialen Netzwerke auf so eine Webseite verwiesen worden.

Besonders spannend ist dabei die Frage, wie Verbraucher darauf reagieren würden, wenn eigentlich vertrauenswürdige Webseiten personenbezogene Daten an eine gefälschte Version der Webseite weitergeben würden. 61 % der Kunden würden in einem solchen Fall das Vertrauen in ihre Lieblingsmarke verlieren und 57 % davon würde auch kein Geld mehr in diese Marke investieren, wenn sie Opfer eines Phishing-Angriffs werden würden. Stellen Sie sich vor, Sie würden auf Schlag 57 % Ihrer Kunden verlieren – von einer wirtschaftlichen Katastrophe zu sprechen, wäre hier noch untertrieben. Insbesondere Unternehmen, die ihr Hauptgeschäft im Onlinehandel machen, müssen sich also zwingend mit dem Thema Cybersicherheit auseinandersetzen.

Noch ein paar Zahlen konkret aus Deutschland. 63 % der Befragten gaben an, dass sie der Meinung sind, Unternehmen müssten sich selbst darum kümmern, ihre Kunden vor derartigen Angriffen zu schützen. Eine Cyberstrategie zu entwickeln, ist für Unternehmen heute unverzichtbar geworden. Die gilt insbesondere für kleine und mittelständische Unternehmen. Achim von Michel, der Pressesprecher beim Bundesverband mittelständische Wirtschaft, Unternehmerverband Deutschlands e. V. sagt dazu: „Einige Konsumenten sind sich nicht darüber bewusst, was ein falscher Klick verursachen kann. Deshalb ist es für

Unternehmen zum Schutz ihrer Marken umso wichtiger, eine verlässliche und umfassende Sicherheitsstrategie zu entwickeln, um sich selbst und ihre Kunden vor Sicherheitsrisiken schützen zu können."[2]

3.6.1 Deutsche Wirtschaft ist stark bedroht

Die Bitkom hat im August 2021 Alarm geschlagen und beunruhigende Zahlen und Prognosen veröffentlicht.[3] Demnach entstehen der deutschen Wirtschaft mehr als 220 Milliarden Euro Schaden pro Jahr durch Diebstahl, Spionage und Sabotage. Zum Vergleich: 2018/2019 lagen die Schäden noch bei 103 Milliarden Euro, also waren sie weniger als halb so groß. Jedes zehnte Unternehmen sieht sich dadurch sogar in seiner Existenz bedroht.

Die Hauptbedrohung liegt laut dem Bericht der Bitkom bei Erpressungsvorfällen, bei denen mit krimineller Absicht Informations- und Produktionssysteme lahmgelegt werden, um die Betriebsabläufe empfindlich zu stören. Im Anschluss werden die Unternehmen dann erpresst. Die dadurch verursachten Schäden sind von 2018/2019 innerhalb von zwei Jahren um +358 % gestiegen.

Die Angriffe würden laut Bitkom Unternehmen aus allen Branchen und in allen Größen treffen. Für die betroffenen Firmen ist dies mehr als nur eine Katastrophe: Der Geschäftsbetrieb liegt lahm, sie verlieren ihre Wettbewerbsfähigkeit und auch die Reputation leidet nachhaltig.

Dabei macht die Bitkom darauf aufmerksam, dass der Faktor Mensch das „schwächste Glied in der Sicherheitskette" ist. Der Trend zum Homeoffice nimmt zu – damit aber auch das Risiko, dass von Zuhause aus nicht mit sicheren Verbindungen gearbeitet wird, der Laptop frei und zugänglich herumliegt oder irgendwo im Café oder in der Bahn gearbeitet wird, wo der Hintermann freien Blick auf den Bildschirm hat.

---

[2] Mangelnde Cybersicherheit gefährdet Kundenvertrauen: Wie Unternehmen ihre Marken und damit ihre Reputation besser schützen. https://www.all-about-security.de/management/mangelnde-cybersicherheit-gefaehrdet-kundenvertrauen-wie-unternehmen-ihre-marken-und-damit-ihre-reputation-besser-schuetzen/. Zugegriffen: 05. November 2021.

[3] Bitkom: Angriffsziel deutsche Wirtschaft: mehr als 220 Milliarden Euro Schaden pro Jahr. https://www.bitkom.org/Presse/Presseinformation/Angriffsziel-deutsche-Wirtschaft-mehr-als-220-Milliarden-Euro-Schaden-pro-Jahr. Zugegriffen: 05. November 2021.

Mitarbeitern Homeoffice zu ermöglichen, ist tendenziell richtig und gut – da sind wir wieder beim Thema Employer Branding. Allerdings reicht es nicht aus, ihnen lediglich eine To-do-Liste mitzugeben. Die Geräte und Kommunikationskanäle müssen gesichert und Mitarbeiter über die Gefahren aufgeklärt werden.

Ein zweiter, großer Risikobereich sind sogenannte DDoS-Attacken. Angreifer überlasten dabei gezielt die Ressourcen, indem sie massenhaft Anfragen an die Server senden. Dicht gefolgt sind das Spoofing, das Vortäuschen falscher Identitäten und das Phishing, als das „Abfischen" sensibler Daten in der Kommunikation.

Angreifer haben es laut der Bitkom vor allem auf geistiges Eigentum wie Forschungsergebnisse, Patente und andere sensible Informationen abgesehen. Diesen Bedrohungen – und insbesondere auch denen aus dem Ausland – können sich die Unternehmen nicht allein entgegenstellen. Es braucht politische Unterstützung und ein Zusammenwirken mehrerer Kanäle aus Politik und Wirtschaft, um der wachsenden Bedrohungslage eine Antwort gegenüberzustellen.

3.6.2 Informationssicherheit liegt nicht nur bei der IT

Unternehmen denken gerne in Abteilungen. Während Abteilung X für das Marketing zuständig ist, kümmert sich Abteilung Y um die IT-Sicherheit. Diese festen Grenzen können im Zeitalter der Digitalisierung nicht mehr aufrechterhalten werden. Jeder Mitarbeiter, der in einem Unternehmen Zugang zu sensiblen Informationen hat, stellt eine potenzielle Gefahr für die Sicherheit des Unternehmens dar. Dabei geht es nicht in erster Linie darum, Mitarbeitern einen bewussten Manipulationswillen zu unterstellen, denn die Gefahren lauern oft außerhalb. Im Kapitel über die Reputationsrisiken habe ich bereits aufgezeigt, wie leicht es sein kann, Mitarbeiter zum Beispiel über Social Bots zu täuschen und ihnen geheime Informationen zu entlocken. Das Thema Sicherheit ist ein weites Feld, das in kleinen und mittelständischen Unternehmen weit über die IT-Abteilung hinaus gedacht werden muss.

Schutz und Sicherheit sollte immer Teil der Unternehmenskultur sein.

3.6.3 Folgen des Vertrauensverlustes durch Cyberangriffe

Ein Vertrauensverlust als Folge eines erfolgreichen Cyberangriffes hat oftmals nachhaltige Konsequenzen, die kleine und mittelständische Unternehmen über Jahre hinweg begleiten. Es können dadurch zum Beispiel weitreichende Ausfälle oder Einschränkungen in der IT-Infrastruktur entstehen. Auch erhebliche Datenverluste gehören zu den Folgen eines Cyberangriffes. Daraus können sich erhebliche Störungen in der Geschäftsbeziehung zu Kunden und Lieferanten ergeben, die sich selbstverständlich auch negativ auf Ihre Reputation auswirken

3.6.4 So können Sie für Ihr Unternehmen Cybersicherheit herstellen

Leider kann ich Ihnen an dieser Stelle keinen konkreten Maßnahmenplan vorlegen, den Sie nur abarbeiten müssen, um Cybersicherheit in Ihrem Unternehmen herzustellen. Aber ich möchte Ihnen einen Ansatz zeigen, mit dem dies gelingen kann.

- **Schritt 1: Sicherheitsrisiken identifizieren**
  Um erfolgreich in den Kampf zu ziehen, müssen Sie den Feind kennen. Daher sollten Sie zunächst genau überlegen, an welchen Stellen es – technische und menschliche – Sicherheitsrisiken gibt. Wo liegen die Schwachstellen in meinem Unternehmen? Die Analyse darf ruhig sehr detailliert erfolgen.
- **Schritt 2: Schaffen einer Sicherheitskultur**
  Wie gut wissen Ihre Mitarbeiter über die Sicherheitsrisiken in Ihrem Unternehmen Bescheid und was tun sie, außer regelmäßig die Firewall zu aktualisieren? Das Thema Sicherheit muss Teil der Unternehmenskultur werden. Die Mitarbeiter sollten ausführlich darüber aufgeklärt werden, was passieren kann, wenn Sicherheitslücken entstehen und welche weitreichenden Folgen diese für das gesamte Unternehmen haben kann. Auf allen Hierarchieebenen sollten die Mitarbeiter dafür sensibilisiert sein.

- **Schritt 3: Leitfaden für den Fall des Falles**
  Sollte es dennoch zu einem Sicherheitsvorfall kommen, muss klar sein, was zu tun ist. Denn im Worst Case bleibt keine Zeit, lange auf dem Problem herumzukauen, es braucht schnelle Lösungen. Eine Anleitung für den Krisenfall sollte immer in der Schublade der IT liegen.

Zwingende Voraussetzung dabei ist natürlich, dass kleine und mittelständische Unternehmen sich nicht davor scheuen, in ihre IT-Sicherheit zu investieren. Wenn die IT-abteilung Alarm schlägt und neue Programme benötigt, dann sollten diese schnell und unbürokratisch genehmigt werden,

3.6.5 Das Beispiel Amazon: Schlechtes Image, massenhaft Kunden

Bislang habe ich Ihnen ausführlich den direkten Zusammenhang zwischen einem schlechten Ruf und schlechten Umsatzzahlen zu verdeutlichen versucht. Wenn ich Sie jetzt frage, welchen Ruf die bekannte Handelsplattform Amazon hat, dann werden Ihnen vielleicht die vielen Berichte um schlechte Arbeitsbedingungen einfallen.

Amazon hat gefühlt schon hunderte Male seinen Ruf verloren. 2020 wurde aufgedeckt, wie leicht es Händlern aus Fernost fällt, massenhaft Bewertungen zu fälschen und damit Amazon-Kunden hinters Licht zu führen. Besonders laut war der Skandal um die scheinbar sehr schlechten Arbeitsbedingungen, die hinter den Kulissen herrschen. Das NDR-Magazin „Panorama" hatte aufgezeigt, dass Amazon-Mitarbeiter lückenlos überwacht werden, um ihre Produktivität zu steigern. Das funktionierte so: Jeder Mitarbeiter muss Pakete, die er heraussucht oder einlagert einscannen. Damit wird jeder Arbeitsschritt aufgezeichnet und an den Vorarbeiter weitergeleitet. Dieser hat also genau im Blick, wie viele Sekunden zwischen den einzelnen Arbeitsschritten vergehen und kann eingreifen, wenn die Produktivität nicht den Vorstellungen entspricht. Ein Vorarbeiter bestätigte gegenüber dem Magazin, was passiert, wenn mal ein längerer Produktivitätsausfall verzeichnet wird: „Dann gucke ich vor Ort, was das Problem ist. Unterhält sich der Mitarbeiter vielleicht zu lange, ist er nicht am Platz, zu oft auf der Toilette?"[4] Die Mitarbeiter werden laut des Berichtes permanent mit ihrer Arbeitsleistung konfrontiert. Diese wird grafisch aufbereitet, um noch mehr Druck zu erzeugen. Amazon versuchte dies auf Nachfrage so darzustellen, dass Mitarbeiter durch diese Überwachung „Hilfestellungen" beim Anlernen bekommen sollen. Andere Mitarbeiter berichteten, dass es bei Amazon bestimmte „Release Days" gebe, an denen zu wenig produktive Mitarbeiter entlassen werden.[5]

Skandale gab es auch um vernichtete Retouren. Schon 2018 kamen erste Berichte darüber auf, dass der Onlinehändler in großem Stil neue Kleidung, Spielwaren, Handys und auch Möbel vernichtet, die aus Retouren stammen. Greenpeace forderte daraufhin, dass es ein gesetzliches Verschwendungs- und Vernichtungsverbot geben müsse, da eine solche Verschwendung nicht mehr in unsere Zeit passe. Das Magazin „WirtschaftsWoche" zeigte Hintergründe der Vorgehensweise auf.[6] Demnach würden Waren aus Retouren, die noch neu und funktionstüchtig sind, mit der Versandmethode „Destroy" gekennzeichnet und im Anschluss in großem Umfang entsorgt. Warum? Schuld ist hauptsächlich das Geschäftsmodell mit den Drittverkäufern. Damit diese die schnellen Lieferzeiten halten können, werden die Produkte in den Lieferzentren von Amazon vorgelagert. Dafür verlangt Amazon nicht unerhebliche Gebühren. Sollte sich ein Produkt nicht schnell genug verkaufen, dann übersteigen irgendwann die Lagerkosten die möglichen Gewinne. Für die Verkäufer ist es dann oftmals wirtschaftlicher, die Waren zerstören zu lassen, als weiter Lagergebühren zu zahlen oder das Produkt zurückzunehmen. Obwohl es mittlerweile ein Gesetz zur „Obhutspflicht" gibt, werden nach wie vor regelmäßig Berichte und Videos über Amazons massenhafte Warenvernichtung veröffentlicht.

---

[4] Friedrich, S. u. a.: Amazon: Der Vorgesetzte sieht alles. https://daserste.ndr.de/panorama/archiv/2020/Amazon-Der-Vorgesetzte-sieht-alles,amazon430.html. Zugegriffen: 05. November 2021.

[5] Fatale Überwachung: Arbeitsbedingungen bei Amazon. https://taz.de/Arbeitsbedingungen-bei-Amazon/!5722884/. Zugegriffen: 05. November 2021.

[6] Hielscher, h. u. a.: Warum der Onlineriese im großen Stil Waren zerstört. https://www.wiwo.de/my/unternehmen/handel/amazon-warum-der-onlineriese-im-grossen-stil-waren-zerstoert/22654830.html. Zugegriffen: 05. November 2021.

Warum das alles in dieser Ausführlichkeit? Weil ich Ihnen ein Gefühl dafür geben möchte, wie Amazon alle Grundsätze, die ich bis jetzt in diesem Buch zum Thema Reputationsaufbau angesprochen habe, systematisch missachtet. Ein guter Umgang mit den Mitarbeitern, Verantwortungsbewusstsein für Lieferketten, Umweltschutz und Nachhaltigkeit: All diese Faktoren, die so wichtig sind für eine gute Online-Reputation, stehen bei Amazon ganz offensichtlich nicht auf der Prioritätenliste.

„Ein Blick auf die Umsatzstatistik zeigt dann aber ein anderes Bild".

Die Umsätze steigen nach wie vor rasant. Durch die Corona-Pandemie gab es einen zusätzlichen Booster, der die Umsatzstatistiken in schwindelerregende Höhen von 110,81 Milliarden US-Dollar allein im dritten Quartal des Jahres 2021 getrieben hat. Wir passt das zusammen?

Es gibt immer zwei Seiten einer Medaille. Aufgrund der enormen Logistik hinter dem Konzern, kann Amazon einen konkurrenzlosen Service anbieten. Es entstehen immer neue Logistikzentren, durch die sogar die Lieferung am selben Tag der Bestellung garantiert werden kann. Zudem gilt Amazon bei Kunden als sehr vertrauenswürdig in Bezug auf die Zahlungssicherheit, die logistische Abwicklung und die Retouren. Amazon stellt sehr strenge Regelungen für die Händler auf, dass Produkte wahrheitsgemäß beschrieben werden müssen. Wer als Kunde etwas bei Amazon kauft, kann sicher sein, das Produkt innerhalb kurzer Zeit in der gewünschten Qualität zu bekommen – und falls es dann doch nicht den Vorstellungen entspricht, kann es ebenso schnell und einfach auch wieder zurückgeschickt werden. Dieser unschlagbare Mehrwert scheint den an anderen Stellen vorhandenen schlechten Ruf schlichtweg überlagern zu können. Es scheint also so, dass ein Global Player in Sachen Reputation mehr Vorteile und einen größeren Handlungsspielraum besitzt, als kleine und mittelständische Firmen. Dies mag auf den ersten Blick tatsächlich so wirken, allerdings lohnt auch hier ein genaueres Hinsehen. Steter Tropfen höhlt den Stein. Je mehr Negativberichte aufkommen, desto mehr reflektieren Verbraucher darüber, bei wem sie kaufen und ob es sich lohnt, nicht doch einen Tag länger auf den Staubsauger zu warten – oder vielleicht einen Tag früher zu bestellen, wenn es denn pünktlich da sein soll. Auch Amazon hat eine Konkurrenz – kleine, nachhaltig agierende Unternehmen verkaufen auch online und je mehr das Bewusstsein für die Verantwortlichkeit des Einzelnen im Online-Handel steigt, desto mehr rücken auch wieder kleinere Shops in den Fokus der Verbraucher. Insbesondere dann, wenn Unternehmen nicht über die Ressourcen eines Global Players verfügen, sollten sie umso mehr darauf achten, dass ihr Brand Trust Factor im grünen Bereich bleibt,

---

Ihr Transfer in die Praxis

* Etablieren Sie in Ihrem Unternehmen ein nachhaltiges Reputationsmanagement
* Schaffen Sie bei allen Stakeholdern ein Bewusstsein für Reputationsrisiken
* Behalten Sie immer Ihre Social-Media-Kanäle im Blick
* Sorgen Sie für Cybersicherheit und schützen Sie sich dadurch vor Angriffen auf Ihre IT, Ihre Kundendaten und sensible Informationen

---

Weiterführende Literatur

Hielscher, h. u. a.: Warum der Onlineriese im großen Stil Waren zerstört. https://www.wiwo.de/my/unternehmen/handel/amazon-warum-der-onlineriese-im-grossen-stil-waren-zerstoert/22654830.html. Zugegriffen: 05. November 2021.

Köhler-Kaeß, H.: Burger-King-Restaurant verliert auf einen Schlag alle Mitarbeiter: Das ist der fiese Grund! https://www.tag24.de/thema/kurioses/burger-king-restaurant-verliert-auf-einen-schlag-alle-mitarbeiter-das-ist-der-grund-2042470. Zugegriffen: 15. Oktober 2021.

Bittlingmaier, T: Ein bedeutsamer Schritt: Vom Employer Branding zur Employer Reputation. https://www.haufe-akademie.de/blog/themen/personalentwicklung/ein-bedeutsamer-schritt-vom-employer-branding-zur-employer-reputation/. Zugegriffen: 15. Oktober 2021.

Montag, T. Was bedeutet Online-Reputation-Management? https://www.gruenderlexikon.de/checkliste/informieren/selbstaendigkeit-internet/online-reputationsmanagement/. Zugegriffen: 15. Oktober 2021.

ikean Händlern. https://www.moebelkultur.de/news/ikea-mit-unter-deutschlands-besten-haendlern/. Zugegriffen: 29. Oktober 2021.

Online-Reputationsmanagement und Social-Media-Feedback erfassen. https://www.echobot.de/ressourcen-content/online-reputationsmanagement/. Zugegriffen: 29. Oktober 2021.

DATEV: Verhaltensregeln zum Thema „Social Engineering". Spezialausgabe: Leitfaden für Mitarbeiter. https://www.sicher-im-netz.de/sites/default/files/download/leitfaden_social_engineering.pdf. Zugegriffen: 05. November 2021.

Guelstorff, Dr. T.: IT-Sicherheit richtig kommunizieren – Ansatzpunkt Unternehmensreputation. https://digitaleweltmagazin.de/2021/09/09/it-sicherheit-richtig-kommunizieren-ansatzpunkt-unternehmensreputation/. Zugegriffen: 05. November 2021.

4

Krisenmanagement: Was, wenn die Reputation ganz unten ist?

Was Sie aus diesem Kapitel mitnehmen
- Welche ersten Schritte Sie bei einem Angriff auf Ihre Reputation ergreifen sollten
- Welche Faktoren für ein gelungenes Krisenmanagement sprechen
- Beispiele für ein gutes Krisenmanagement

Aus den vorangegangenen Kapiteln muss deutlich geworden sein, welche existenzielle wirtschaftliche und soziale Bedeutung ein guter Ruf für kleine und mittelständische Unternehmen hat. Schlechte Bewertungen auf Online-Portalen, negative Medienberichte oder diffamierende Interviews mit (ehemaligen) Mitarbeitern: All das kann Ihren Ruf im Netz schädigen. Was Sie prophylaktisch dagegen unternehmen können, haben Sie in den drei vorausgehenden Kapiteln in aller Ausführlichkeit gelesen. Jetzt soll es darum gehen, wie Sie handeln können, wenn es zu einem ernsthaften Reputationsschaden gekommen ist.

© Der/die Autor(en), exklusiv lizenziert an Springer Fachmedien Wiesbaden GmbH, ein Teil von Springer Nature 2022
S. Petrov, *Quick Guide Online-Reputation für KMU*, Quick Guide,
https://doi.org/10.1007/978-3-658-37415-0_4

4.1   Wann spricht man von einem Reputationsschaden?

Per Definition spricht man immer dann von einem Reputationsschaden, wenn der gute Ruf eines Unternehmens geschädigt wurde. In der Regel tritt durch einen Reputationsschaden auch unmittelbar ein wirtschaftlicher Schaden auf, wenn der Reputationsschaden schon weitere Kreise gezogen hat. Das sind einige Merkmale, die darauf hinweisen, dass es zu einem Reputationsschaden in Ihrem Unternehmen gekommen ist:

- Es treten vermehrt negative Meldungen über Sie im Internet auf
- Die Umsätze gehen plötzlich ohne erkennbaren Grund zurück
- Kunden kündigen vermehrt ihre Verträge
- Mitarbeiter kündigen ihre Verträge
- Der Kundenservice nimmt plötzlich verstärkt negative Anrufe entgegen

In Zeiten der Digitalisierung zieht ein Reputationsverlust sehr schnell weite Kreise. Während früher meistens nur lokal getuschelt und berichtet wurde, kann ein einziges Facebook-Bild heute um die ganze Welt gehen und einen globalen Reputationsschaden anrichten.

Daher: Sofern Sie erste Anzeichen von Angriffen auf Ihre Reputation bemerken – ob bewusst oder unbewusst – sollten Sie sofort handeln.

4.2   Erste Schritte: Reputationsschaden identifizieren

Bemerkt wird ein Reputationsschaden auf ganz unterschiedliche Weise. Vielleicht stößt ein Mitarbeiter zufällig auf negative Bewertungen im Netz oder ganz plötzlich erscheint in der lokalen Zeitung ein Interview mit einem ehemaligen Mitarbeiter, der sich über die Arbeitsplatzbedingungen auslässt. Auch Cyberangriffe kommen unvorhergesehen. In anderen Fällen haben Reputationsschäden eine längere Leitung nämlich meistens dann, wenn sie durch reale „Missstände" im Unternehmen entstanden sind. Eine nachlassende Qualität der Produkte, Knebelverträge mit Kunden und Mitarbeitern, ein schlechter Service: Wenn Unternehmen derartige Tatsachen schaffen, dann ist es nur eine Frage der Zeit, bis sich diese auch negativ auf ihre Reputation auswirken.

So oder so: Im ersten Schritt sollten Sie zunächst identifizieren, wie das Risiko konkret aussieht und welche unternehmerischen Bereiche es betrifft. Haben nur einzelne Produkte Schaden genommen oder ist die gesamte Marke betroffen? Ist der Reputationsschaden bei den Mitarbeitern, den Lieferanten oder den Kunden entstanden? Gibt es eine mögliche Ausgangs-Quelle? Ist bereits ein wirtschaftlicher Schaden entstanden und wenn ja in welcher Höhe? Auf all diese Fragen sollten Sie zeitnah eine Antwort finden, denn Negativschlagzeilen verbreiten sich wesentlich schneller als ein netter Bericht über die letzte Charity-Aktion.

Nachdem der Schaden identifiziert ist, gilt es, diejenigen zu benennen, die jetzt für die Schadensregulierung zuständig sind. Liegt die To-do-Liste auf dem Tisch der Marketingabteilung, soll sich die PR darum kümmern oder ist es Chefsache?

Wichtig ist es, jetzt nicht überstürzt zu handeln und mit heißer Nadel irgendwelche PR-Meldungen zu stricken, die nicht gut durchdacht sind. Sollten Sie frühzeitig feststellen, dass der Reputationsschaden schon um sich gegriffen hat wie ein Lauffeuer, dann scheuen Sie sich nicht, die Sache an eine externe Agentur abzugeben. Oftmals ist ein Blick von außen wesentlich aufschlussreicher, als wenn man mit der internen Brille durch die eigenen Gänge läuft und dort nach Schäden sucht.

4.3 Die Wiederherstellung der Reputation ist zeitkritisch

Der Faktor Zeit ist ausschlaggebend dafür, wie schnell Sie das Problem in den Griff bekommen. Sie sollten nicht überstürzt handeln und gleichzeitig nicht zu lange warten, bis Ihr guter Ruf in Trümmern liegt. Jetzt ist es wichtig, den berühmten kühlen Kopf zu bewahren, eine Strategie für den Umgang mit der jeweiligen Bedrohung zu entwickeln, die dafür Verantwortlichen zu definieren und den Erfolg der eingeleiteten Maßnahmen immer im Blick zu behalten.

4.4   Strategien zur Rettung der Online-Reputation

Die konkreten Maßnahmen zur Rettung der Reputation sind so individuell wie die konkreten Probleme, die aufgetaucht sind. Sie müssen immer konkret an die Vorfälle, das Medium und die betroffene Zielgruppe angepasst werden. Daher zeige ich an dieser Stelle nur exemplarisch einige Möglichkeiten auf, wie Sie im Krisenfall vorgehen können.

4.4.1   Negative Beiträge im Internet löschen

Machen Sie zunächst möglichst alle negativen Beiträge ausfindig, die im Internet über Sie existieren und fassen Sie diese zum Beispiel in einer Excel-Tabelle zusammen. Prüfen Sie jetzt, welche Einträge davon rechtswidrig sind, weil sie zum Beispiel falsche Tatsachenbehauptungen enthalten. Diese können Sie – notfalls mit anwaltlicher Hilfe – aus dem Internet löschen lassen. Anders ist es bei Beiträgen, die reale Tatsachen schildern oder die so geschrieben wurden, dass sie nur eine persönliche Sichtweise wiedergeben. In diesem Fall können Sie sich zwar die Mühe machen, die Seitenbetreiber anzuschreiben und sie um die Löschung der Beiträge zu bitten – dies wird aber erfahrungsgemäß nicht von großem Erfolg gekrönt sein. Suchen Sie stattdessen eher nach einer Möglichkeit, die Beiträge zu kommentieren und eine persönliche Stellungnahme zu hinterlassen. Stellen Sie falsche Wahrnehmungen richtig, erklären Sie, wie es dazu kommen konnte und zeigen Sie vor allem, welche Maßnahmen Sie bereits in die Wege geleitet haben, um die Qualität Ihrer Leistungen zukünftig zu verbessern.

4.4.2   Neue Inhalte schaffen

Wenn die Google-Ergebnisse auf den ersten Seiten von negativen Einträgen dominiert werden, dann hilft es nur, Feuer mit Wasser zu löschen und dem eine Menge an positiven Berichten entgegenzusetzen. Bringen Sie Blogs heraus, schreiben Sie Gastbeiträge, steigern Sie Ihre Aktivitäten im Social Web. Zwar werden die Einträge weiterhin aufzufinden sein, aber sie werden nicht mehr so prominent wahrgenommen, weil sie weiter nach hinten rutschen.

4.4.3 Suchmaschinenoptimierung

Neue Inhalte zu schaffen, ist das eine. Dafür zu sorgen, dass diese auch tatsächlich gut ranken, das andere. Neue Beiträge sollten so verfasst sein, dass sie unter den gewünschten Suchbegriffen ganz oben ranken. Wichtige Begriffe in der Wiederherstellung der Reputation sind zum Beispiel der Firmenname oder die Marke in Kombination mit Begriffen wie „Erfahrungen", „Bewertungen" oder „Kundenmeinungen".

4.4.4 Keine Bewertungen kaufen

Neben den genannten Möglichkeiten gibt es auch noch einige nicht ganz so legale und empfehlenswerte Methoden. Auf den ersten Blick scheint es eine blendende Idee zu sein: Sind im Internet 100 negative Bewertungen über mein Unternehmen und meine Produkte im Umlauf, dann kaufe ich mir einfach 1000 positive Meinungen ein und schon ist alles wieder gut. Kundenmeinungen genießen ein sehr hohes Vertrauen – umso besser also, wenn positive Bewertungen die Reputation wiederherstellen. Wer nach Anbietern sucht, die Ihnen im Paket für den Preis XY solche Bewertungen verkaufen, werden Sie ganz schnell fündig. Da kaufen Sie 100, 500 oder 1000 5-Sterne Bewertungen und sind die Sorgen los. Sogar ein Abonnement können Sie abschließen. Gibt es einen Haken? Na klar.

Was Sie über gekaufte Bewertungen wissen sollten, ist die Tatsache, dass – egal ob diese im eigenen Shop, bei Google oder bei Amazon veröffentlich werden, eine irreführende Werbung sein kann. Wird ein Mitbewerber – oder die Plattform selbst darauf aufmerksam, dann kann ein Verstoß gegen § 5 Abs. 1 Nr. 1 UWG gemeldet werden. Sie gehen das Risiko einer Abmahnung ein und vor allem laufen Sie Gefahr, Öl ins Feuer zu schütten. Ist die Reputation bereits angegriffen und es wird öffentlich, dass Sie sich positive Bewertungen eingekauft haben – dann drohen Ihnen rechtliche Konsequenzen.

Plattformen wie Amazon und auch Google gehen konsequent gegen diese Bewertungen vor und haben neben der menschlichen Kontrolle auch Algorithmen entwickelt, mit denen Fake-Bewertungen aufgedeckt werden können. Also mein Rat: Finger weg von Manipulationsversuchen. Investieren Sie stattdessen lieber Budget darin, dass Kunden Ihnen ehrliche und authentische Feedbacks zur Verfügung stellen.

4.5   Was zeichnet eine gute Krisenkommunikation aus?

Hatten Sie schon einmal Streit mit Ihrer Partnerin oder Ihrem Partner? Dann haben Sie ganz sicher daraus gelernt, wie wichtig Kommunikation in einem solchen Fall ist. Das garantiert schlechteste, was Sie tun können, ist die Augen zu schließen und zu warten, bis es wieder vorbei ist. Kommt es zu Angriffen auf Ihre Reputation, ist die Kommunikation von entscheidender Bedeutung dafür, wie das Ganze am Ende für Sie ausgehen wird.

So individuell die einzelnen Fälle auch sind, so pauschal ist der wichtigste Rat: Wer schweigt, hat Schuld. Wenn Sie versuchen, etwas auszusitzen, wird es erfahrungsgemäß immer schlimmer. Hier haben kleine und mittelständische Unternehmen den Vorteil, dass oft alle Abteilungen zentral an einem Standort sitzen und die Krisenkommunikation daher nicht dezentral organisiert werden muss. Umso längere Reaktionswege entstehen. Kleine und mittelständische Betriebe haben daher oftmals wesentlich schnellere Reaktionszeiten im Krisenfall. Eines der prominentesten Negativbeispiele für eine Krisenkommunikation, die gleichzeitig als komplett misslungen oder beispielhaft gewertet werden kann, ist der Berliner Flughafen. Das Krisenmanagement wurde vom Handelsblatt zur dritten von sieben Todsünden gekürt.[1] Auch der PR-Chef Daniel

---

[1] Flughafen Berlin: Sieben Todsünden machten BER zum Desaster. https://www.handelsblatt.com/ unternehmen/handel-konsumgueter/flughafen-berlin-fehler-3-das-krisenmanagement/6724430-4. html?ticket=ST-609916-eoUEwfQvLKKvNX1DTVwX-cas01.example.org. Zugegriffen: 05. November 2021.

Abbou musste zwischenzeitlich die Koffer packen, nachdem er in einem Interview mit dem „PR Magazin" sehr freimütig darüber gesprochen hatte, was alles falsch gelaufen ist. Die FAZ zitiert Teile des Interviews: „Dazu hat die alte Flughafencrew zu viel verbockt, dafür sind zu viele Milliarden in den Sand gesetzt worden"[2] Dem Ganzen fügte er dann noch das folgende Statement hinzu: „[K]ein Politiker, kein Flughafendirektor und kein Mensch, der nicht medikamentenabhängig ist, gibt Ihnen feste Garantien für diesen Flughafen." Gelungene Krisenkommunikation? Die einen sagen so, die anderen so. Tatsächlich gab es auch Lob für den PR-Chef, der nach dem Interview übrigens seine Stelle verlor. Das „Manager Magazin" lobte Danie Abbou für seine Offenheit und titelte: „Warum der BER-Pressechef ein Vorbild ist."[3] Das Magazin lobte es, dass der PR-Chef die Verantwortlichen beim Namen nannte und nicht versuchte, sich mit abgegriffenen Floskeln aus der Affäre zu ziehen. Das Manager Magazin zitiert den ehemaligen PR-Chef: „Es kommt eh alles raus. Dann muss man aus PR-Sicht doch der sein, der selbst darauf hinweist." Das klingt zumindest nach einer guten Strategie. Ob diese Form der Krisenkommunikation richtig oder falsch ist, ob es das Unternehmen weiterbringt oder nicht, muss immer individuell betrachtet werden. Fakt ist aber, dass es ganz verschiedene Wege gibt, öffentlich mit einer Krise umzugehen – entweder mit einstudierten Floskeln oder schlichtweg mit der Wahrheit.

4.6 Beispiele für gutes Krisenmanagement

Es gibt diverse Fälle, bei denen die Krisenkommunikation in der Öffentlichkeit beispielhaft ist. An dieser Stelle habe ich zwei ausgewählt:
Über das Unternehmen Starbucks verbreitete sich vor einigen Jahren ein Video, indem offensichtlich unberechtigt zwei afroamerikanische Männer in einer Filiale in Philadelphia festgenommen wurden. Darauf-

---

[2] Kündigung: Interview kostet BER-Sprecher die Stelle. https://www.faz.net/aktuell/wirtschaft/ber-flughafen-kuendigt-pressesprecher-daniel-abbou-14172080.html. Zugegriffen: 05. November 2021.
[3] Buschardt, Tom.: Beurlaubt wegen offener Worte. Warum der BER-Pressechef ein Vorbild ist. https://www.manager-magazin.de/unternehmen/artikel/flughafen-ber-warum-der-pressechef-ein-vorbild-fuer-krisenmanager-ist-a-1086696.html. Zugegriffen: 05. November 2021.

hin kam es zu weltweiten Negativschlagzeilen und Demonstrationen vor den Geschäften. Statt einfach nur eine Gegendarstellung herauszugeben, startete Starbucks kurzerhand eine Anti-Rassismus-Kampagne in den eigenen Reihen. Sie erkannten ein systeminternes Problem und veranstalteten Trainings gegen rassistische Vorurteile, deren Kosten auf ca. 10 Millionen Dollar geschätzt wurden. Auch diese Aktion hat weltweit für Schlagzeilen gesorgt – diesmal aber für positive.

Ein weiteres Beispiel: Der Fast-Food-Kette KFC gingen Anfang 2018 die Hähnchen aus, was für einigen Unmut unter den Chicken-Liebhabern sorgte. Ein Shitstorm rollte über die sozialen Netzwerke heran. Kurzerhand änderte KFC die Buchstaben auf seinen Packungen in „FCK" – als Abkürzung für „Fuck". Die Begeisterung über diese kreative Idee war groß, die Debatte auch und nun wurde öffentlich viel mehr über die brillante Kampagne diskutiert als über die ausgegangenen Hähnchenteile.

4.7   Was bringen Versicherungen gegen Reputationsschäden?

Heute kann man sich gegen so gut wie alles versichern lassen – sogar gegen Alien-Entführungen, Lotto-Niederlagen und Zwillingsschwangerschaften. Auch eine Versicherung gegen Reputationsschäden können kleine und mittelständische Firmen abschließen. Die Zahl der Versicherer gegen diese Art von Risiko hat in der Vergangenheit merklich zugenommen. Dabei bedienen sich die Versicherungen als Berechnungsgrundlage meistens an dem Konzept der Betriebsunterbrechungsversicherung. Danach wird der Gewinn ermittelt, der dem Unternehmen vermutlich durch den Reputationsschaden entgangen ist. Neben dem finanziellen Ausgleich des Reputationsschadens übernehmen einige Versicherungen auch die Beratungskosten, die für das Beheben des Problems erforderlich sind. Auch Kosten, die durch die Analyse und die Entwicklung einer Kommunikationsstrategie entstehen, können je nach Versicherung übernommen werden.

Ob eine solche Versicherung für das einzelne Unternehmen sinnvoll ist, muss immer von Fall zu Fall entschieden werden. Daneben lohnt es sich auch, Versicherungen gegen Cyberangriffe zu prüfen, da aus derartigen Angriffen ebenfalls in direkter Folge Reputationsrisiken entstehen können.

Ihr Transfer in die Praxis

- Bei einem Reputationsschaden sofort, aber nicht überstürzt und unbedacht reagieren
- Im Idealfall eine spezialisierte Agentur für das Reputationsmanagement engagieren
- Auf die Situation angepasste Gegenmaßnahmen ergreifen, um die gute Reputation schnell wiederherzustellen
- Das Thema Krisenkommunikation ernstnehmen

Weiterführende Literatur

Montag, T.: Was bedeutet Online-Reputation-Management? https://www.gruenderlexikon.de/checkliste/informieren/selbstaendigkeit-internet/online-reputationsmanagement/#c3241. Zugegriffen: 05. November 2021.

Heller, D.: Positive Bewertungen kaufen? Das sollten Sie vorher wissen. https://business.trustedshops.de/blog/positive-bewertungen-kaufen/. Zugegriffen: 05. November 2021.

IONOS: Reputationsmanagement: Wie Sie sich von der besten Seite zeigen. https://www.ionos.de/digitalguide/online-marketing/verkaufen-im-internet/was-bedeutet-reputationsmanagement/. Zugegriffen: 05. November 2021.

Allianz. Hier kommen schlechte Nachrichten. https://www.agcs.allianz.com/news-and-insights/expert-risk-articles/global-risk-dialogue-reputational-risk-de.html. Zugegriffen: 05. November 2021.

Schlusswort

Reputation ist ein weites Feld. Es beginnt bei einem Bauchgefühl, wenn der Name einer Firma fällt und endet bei dem, was bei Google erscheint, wenn man den Firmennamen eingibt. Im Zuge der Digitalisierung werden Meinungen nicht mehr nur in einem begrenzten lokalen Umfeld verbreitet, sondern sie sind über alle Grenzen hinweg weltweit abrufbar. Das macht es zur großen Herausforderung, die Reputation immer im Blick zu behalten und öffentliche Meinungen aktiv zu steuern. Reputation bildet sich überall dort, wo Meinungen vertreten werden – auf Bewertungsportalen, in sozialen Netzwerken, in Foren, Blogs usw. Insbesondere in kleinen und mittelständischen Unternehmen ist das Thema Reputation eng mit dem Employer Branding, der eigenen Arbeitgebermarke verbunden. Denn eine gute Reputation wächst von innen heraus und wird über zufriedene Mitarbeiter nach außen an die Kunden herangetragen.

Eine gute Reputation ist ein wichtiger Umsatztreiber, was nicht zuletzt umfangreiche Studien und Statistiken beweisen. Neben physischen Gütern sind es heute eher die immateriellen Werte, die das Image eines Unternehmens entscheidend prägen. Angriffe auf dieses Image können

© Der/die Herausgeber bzw. der/die Autor(en), exklusiv lizenziert an Springer Fachmedien Wiesbaden GmbH, ein Teil von Springer Nature 2022
S. Petrov, *Quick Guide Online-Reputation für KMU*, Quick Guide,
https://doi.org/10.1007/978-3-658-37415-0

von allen Seiten kommen – durch falsche Berichte, Cyberangriffe, Shitstorms und Fake News; Sie können aber schlichtweg auch selbst verschuldet sein, wenn ein Unternehmen schlechte Qualität anbietet oder einen miserablen Kundenservice.

Um die Stränge der eigenen Reputation fest in der Hand zu halten, ist es wichtig, den Ist-Zustand genau zu analysieren und damit vor allem zu beginnen, bevor es ein akutes Problem gibt. Ein gutes Reputationsmanagement fängt dort an, wo noch die Sonne scheint; es ist aktiv und nicht reaktiv. Genau darin liegt aber erfahrungsgemäß der Fehler, den viele kleine und mittelständische Unternehmen begehen. Aufgrund überschaubarer Ressourcen sind andere Themen wichtiger. Reputation wird als etwas wahrgenommen, das eben automatisch passiert und auf das frühestens dann reagiert wird, wenn bereits alles zu spät ist. Das Thema Online-Reputation sollte daher frühzeitig auf der Agenda jedes Unternehmens stehen und vor allem nicht nur als Kostenfaktor, sondern als unverzichtbarer Nutzen wahrgenommen werden. Kommt es dennoch zu einer Krise und zu Angriffen auf Ihre Reputation, sollten Sie gut vorbereitet sein. Schlussendlich bleibt zu sagen, dass jede Krise, jede negative Bewertung und jeder schlechte Kommentar auch eine Chance ist, den Finger in die Wunde zu legen, bestehende Strukturen zu überprüfen und Ihre Leistungen so zu verbessern, dass Ihre Reputation unangreifbar wird.

Printed by Printforce, the Netherlands